picture-alliance: 2, 6, 8, 10, 12, 23, 29, 36, 44, 47, 48, 55, 60, 72, 79, 82, 84, 91, 96, 98, 99
Hendrik Kranenberg: 5, 25 (Fußball-Tricks)
stock.adobe.com: 1, 4, 5, 10, 11, 16, 17, 24, 25, 32, 33, 42, 43, 48, 49, 54, 55, 58, 59, 64, 65, 70, 71, 77, 82, 83, 88, 92, 93, 98, 99 © ふわぷか (Hintergrundmuster); 3, 5, 8, 10, 15, 17, 18, 19, 26, 29, 33, 36, , 38, 40, 43, 53, 57, 57, 59, 62, 64, 66, 72, 73, 74, 76, 80, 83, 85, 88, 94, 96, 100 © Good Studio;
1: © primiaou (Globus, Trikot, Eckfahne, Pfeife),© alphaspirit (Schuhe); 2: © primiaou (Vignette), © trattieritratti; 3: © trattieritratti; 4: © primiaou (Uhr, Pfeife), © Dziurek (Schild Wechsel); 5: © primiaou (Schuh); 6: © primiaou (Handschuh); 7: © primiaou (Fußbälle, Sterne); 8: © primiaou (Socken, Wimpel); 9: © primiaou (Stadion), © trattieritratti (Fußballer); 10: © primiaou (Schuh, Medaille); 11: © primiaou (Blitz, Fernseher, Sterne); 12: © primiaou (Fähnchen); 13: © trattieritratti (Streifenball), © primiaou (Hut, Hand); 14: © Flexmedia; 15:© famveldman, © primiaou (Taktik); 16: © primiaou (Sterne, Vignette, Siegerpodest); 17: © vitaliy_melnik; 18: © trattieritratti (Fußballer), © primiaou (Spielfeld); 19: © primiaou (Pokal, Tor, Fußball); 20: © Cherkas (Fußball), © primiaou (Tröte); 21: © trattieritratti (Fußballer); 22: © abdulsatarid (Vereinswappen), © primiaou (Wimpel); 24: © mirkomedia (Spielfeld); 25: © primiaou (Tröte, Fußball, Hose, Sterne); 26: © primiaou (Anhänger); 27: © Thaut Images (Stadion), © primiaou (Megafon, Noten); 28: © Maxisport; 29: © primiaou (Sterne, Fußball, Pokal, Lorbeerkranz); 30: © steffen; 31: © primiaou (Sterne, Schuh, Uhr, Globus); 32: © tynyuk (Dieb), © ONYXprj (Hund), © primiaou (Pokal); 33: © primiaou (Medaille, Fernseher); 34: © studiostoks (Fußballer); 35: © studiostoks; 36: © primiaou (Figur/Dollar, Fahne); 37: © © primiaou (Globus, Lorbeerkranz); 38: © ernestoche50 (Zuschauer); © primiaou (rote Karte); 39: © abdulsatarid (Vereinswappen); 40: © Csaba Peterdi (Stadion); 41: © Vermicule design (Fahnen), © primiaou (Hand, Uhr); 42: © 9parusnikov (uefa), © primiaou (Fußball, Hand); 43: © pathakdesigner (Filmrolle, Klappe), © primiaou (Sterne); 44: © primiaou (Fahne, Pfeife); 45: © studiostoks (Fußballer); 46: © trattieritratti (Fußball), © primiaou (Hand); 47: © primiaou (Socken, Trikot); 48: © primiaou (Handschuhe); 49: © alphaspirit (Tor), © primiaou (Fußball); 50: © Marco Martins (Fans), © Vermicule design (Fahne); 51: © pixfly (Stadion); 53: © trattieritratti (Fußballer); 54: © primiaou (Taktik, Stadion); 55:© primiaou (Tröte, Fußball); 56: © trattieritratti (Fußballer), © primiaou (Stern); 57: © Roman (Verletzter), © primiaou (Stern, Socken); 58: © Smileus (Fußball); 59: © primiaou (Fernseher, Schuh); 60:© primiaou (Lorbeerkranz, Tröte, Hose); 61: © trattieritratti (Fußball); 62: © trattieritratti (Fußball); 63: © Ulrich Roth (Fans), © primiaou (Abzeichen); 64: © L.F.otography (Füße); 65: © primiaou (Megafon, Wechsel-Anzeige, Pokal); 66: © alphaspirit (Elfmeter), © primiaou (Handschuhe); 67: © Drazen (Fußballerinnen); 68/69: © charnsitr (Championsleague), © primiaou (Sterne, Trikot, Pokal), © Naftalia (Hintergrund); 71: © vikidi (Fußballer), © primiaou (Tor); 72: © primiaou (Abzeichen, Schuh); 73: © PureSolution (Läufer); 74: © primiaou (Fahne, Blitz); 75: © Anna Om (Kind); 76: © Africa Studio (Stadion Hintergrund), © ERIC (Wembley); 77: © abdulsatarid (Vereinswappen); 78: © primiaou (Noten, Megafon); 80: © Turbowerner (Trikots), © primiaou (Blitz); 81: © studiostoks (Astronaut); 82: © primiaou (Trikot, Stadion); 83: © bazzier (Torwart); 84: © kazy (Fußball); 86: © primiaou (Globus, Stern); 87: © Vectorillo (Apfel), © primiaou (Fahne); 88: © rafikovayana (Taktik); 89: © LeArchitecto (Stadion), © primiaou (Uhr, Fußball); 90: © fotomaster (Schwalbe), © primiaou (Podest); 92: © primiaou (Hand, Hut); 93: © massimhokuto (Fußballer), © primiaou (Socken, Wimpel); 94: © Vermicule design (Fahnen), © primiaou (Fußball, Pfeife); 95: © Photocreo Bednarek (Boxer); © Alekss (Fußball, © primiaou (Schuh, Stern); 98: © primiaou (Stern); 99: © trattieritratti (Fußball), © primiaou (Fußball klein, Blitz); 100: © New Africa (rote Karte); 101: © bazzier (Torwart); 103: © trattieritratti (Fußballer);

In diesem Buch wird aus Gründen der besseren Lesbarkeit das generische Maskulinum verwendet. Weibliche und anderweitige Geschlechteridentitäten werden dabei ausdrücklich mitgemeint, soweit es für die Aussage erforderlich ist.

100 DINGE die du als FUSSBALL-FAN wissen musst

BEREIT FÜR DEN ANPFIFF?

Bist du als Fan im Fußballfieber oder träumst du von einer Karriere als Fußballstar? Gut so, denn in diesem Buch dreht sich alles um den Fußball, eine der beliebtesten und spannendsten Sportarten überhaupt.

Mach dich mit wichtigen Regeln, Verbänden und den besten Tricks vertraut. Lerne die großen Mannschaften der Welt kennen und triff die besten Spielerinnen und Spieler ganz privat. Staune über faszinierende Rekorde und kuriose Fakten. Lache über Fußballwitze und witzige Sprüche.

Dieses Buch enthält satte 100 Dinge, die alle Fußballbegeisterten kennen sollten!

LOS GEHT'S!

01 DIE BESTEN IM TOR

TOP 5 DER BESTEN TORHÜTER

1 Iker Casillas (* 1981, Spanien, u. a. 5-maliger Welttorhüter, 3-maliger Champions-League-Sieger, Weltmeister 2010, Europameister 2008 und 2012)

2 Manuel Neuer (* 1986, Deutschland, u. a. 5-maliger Welttorhüter, 2-maliger Champions-League-Sieger, Weltmeister 2014)

3 Gianluigi Buffon (* 1978, Italien, u. a. 5-maliger Welttorhüter, Weltmeister 2006)

4 Oliver Kahn (* 1969, Deutschland, u. a. 3-maliger Welttorhüter, 1-maliger Champions-League-Sieger, Europameister 1996)

5 Walter Zenga (* 1960, Italien, u. a. 3-maliger Welttorhüter, 2-maliger Champions-League-Sieger)

TOP 5 DER BESTEN TORHÜTERINNEN

1 Nadine Angerer (* 1978, Deutschland, u. a. 2-malige Weltmeisterin, 5-malige Europameisterin)

2 Hope Solo (* 1981, USA, u. a. 4-malige Welttorhüterin, Weltmeisterin 2015, Olympiasiegerin 2008 und 2012)

3 Sarah Bouhaddi (* 1986, Frankreich, u. a. 4-malige Welttorhüterin, 8-malige Champions-League-Siegerin)

4 Almuth Schult (* 1991, Deutschland, u. a. 1-malige Welttorhüterin, Olympiasiegerin 2016, 1-malige Champions-League-Siegerin)

5 Sari van Veenendaal (* 1990, Niederlande, u. a. 1-malige Welttorhüterin, Europameisterin 2017)

REKORDE: DIE SCHNELLSTEN WM-TORE 02

In so manchem Fußballspiel fällt überhaupt kein Tor. Aber ganz selten fällt ein Tor sogar schon innerhalb der ersten Spielminute.

DIES SIND DIE SIEBEN SCHNELLSTEN WM-TORE DER MÄNNER UND FRAUEN:

1 Bei der Männer-WM 2002 trifft der Türke Hakan Şükür (* 1971) nach nur 11 Sekunden im Spiel um Platz 3 gegen Südkorea.

2 Der Tschechoslowake Václav Mašek (* 1941) versenkt den Ball nach 15 Sekunden bei der Männer-WM 1960 im Tor von Mexiko.

3 Ernst Lehner (1912–1986), ein deutscher Fußballspieler, trifft bei der Männer-WM 1934 nach 25 Sekunden gegen Österreich.

4 Der Engländer Bryan Robson (* 1957) schießt bei der Männer-WM 1982 nach 28 Sekunden gegen Frankreich ein Tor.

5 Ein Tor nach 30 Sekunden gelingt der Schwedin Lena Videkull (* 1962) bei der Frauen-WM 1991 gegen Japan.

6 Ebenfalls nur 30 Sekunden braucht der US-Amerikaner Clint Dempsey (* 1983) bei der Männer-WM 2014 für sein Tor gegen Ghana.

7 Die französische Fußballspielerin Marie-Laure Delie (* 1988) trifft bei der Frauen-WM 1995 nach lediglich 34 Sekunden gegen Mexiko.

03 REGELKUNDE: ALLES IN MINUTEN

Bei einem spannenden Fußballmatch vergisst man ganz leicht die Zeit. Aber Zeit spielt natürlich auch beim Fußball eine Rolle. Wie lange dauert ein Fußballspiel? Normalerweise besteht ein Spiel aus zwei Spielhälften, die jeweils 45 Minuten dauern, das Spiel dauert also insgesamt **90 Minuten**. Ein Schiedsrichter oder eine Schiedsrichterin kann die Spielzeit aber um ein paar Minuten **Nachspielzeit** verlängern, wenn es während des Spiels viele Unterbrechungen gab.

Zwischen den beiden Spielhälften liegt die Halbzeitpause, die 15 Minuten dauert. In der Halbzeitpause gehen die Spieler in ihre Kabinen und werden dort vom Coach noch mal richtig angefeuert.

Bei Spielen mit einem K.-o.-System – eine Mannschaft muss das Spiel gewinnen – kann es eine Verlängerung geben, die 2 x 15 Minuten, also 30 Minuten dauert. Dies ist dann der Fall, wenn es nach der regulären Spielzeit immer noch Unentschieden steht. Ist das Ergebnis auch nach der Verlängerung noch Unentschieden, gibt es ein Elfmeterschießen.

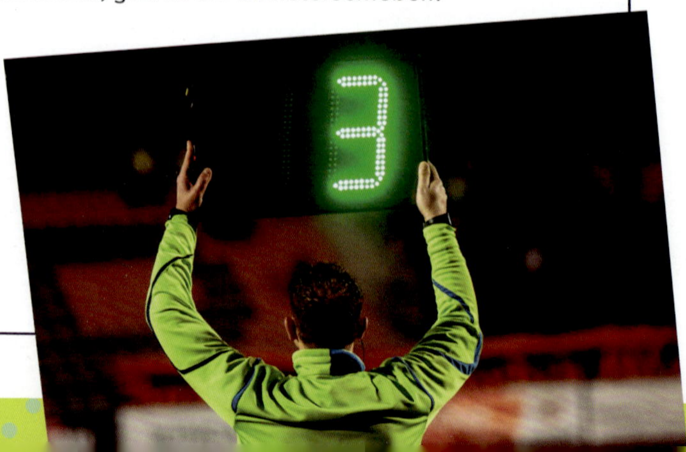

HOW TO: ÜBERSTEIGER 04

Manchmal muss ein Stürmer oder eine Stürmerin ein wenig tricksen, damit die Abwehr ihm oder ihr den Ball nicht sofort abluchst. Ein häufig genutzter Trick ist der Übersteiger. Bei diesem Trick tut der Stürmer oder die Stürmerin so, als würde er oder sie den Ball in eine bestimmte Richtung spielen. Stattdessen wird der Ball mit dem Fuß überstiegen.

SO GEHT DER PERFEKTE ÜBERSTEIGER:

1. Zunächst wird der Ball vorgelegt, also ein Stück nach vorn gespielt. Ob mit dem linken oder dem rechten Bein, spielt dabei keine Rolle.

2. Mit dem gleichen Bein, mit dem du vorgelegt hast, steigst du nun von innen nach außen über den Ball und machst auf der anderen Seite des Balls einen Ausfallschritt.

3. Als nächstes ziehst du das zweite Bein nach. Dein Schwerpunkt wird verlagert und du kannst nun mit diesem Bein in die andere Richtung wegstarten. Der Ball wird in diesem Fall mit dem Außenrist gespielt, also mit der äußeren Seite des Fußes.

4. Wiederhole einen Übersteiger mehrfach – die Gegner werden total verwirrt sein! Übrigens: Wird der Ball bei diesem Trick nicht überstiegen, sondern umkreist, spricht man von einer Schere.

05 SKANDALE UND SKURRILES: DIE »HAND GOTTES«

Es ist der 22. Juni 1986. Die Nationalmannschaften von Argentinien und England treffen in im Viertelfinale der Männer-WM in Mexiko aufeinander. Eine spannende Partie, doch lange steht es 0:0 – bis zur 51. Spielminute. 114580 Zuschauer sind Zeuge, als der argentinische Mittelfeldspieler Diego Maradona (1960–2020) sieben Meter vor dem Tor mit gestrecktem Arm in die Höhe springt und den Ball ins Tor bringt. Der Schiedsrichter Ali Bin Nasser meint: ein Kopfballtor. Er gibt den Treffer.

Videoaufnahmen beweisen allerdings, dass bei dem Tor Maradonas Hand im Spiel war. Dieses unerlaubte Handspiel nennt der argentinische Fußballstar nachher »Hand Gottes«.

Das irreguläre Tor hat Folgen: England verliert das Spiel mit 1:2 und muss nach Hause reisen. Die argentinische Nationalmannschaft gewinnt später die Weltmeisterschaft – zum zweiten Mal nach 1978.

TITEL UND POKALE: ALLE SIEGER DER MÄNNER-WM

06

JAHR	GASTGEBER	WELTMEISTER
1930	Uruguay	Uruguay
1934	Italien	Italien
1938	Frankreich	Italien
1942	ausgefallen	ausgefallen
1946	ausgefallen	ausgefallen
1950	Brasilien	Uruguay
1954	Schweiz	Deutschland
1958	Schweden	Brasilien
1962	Chile	Brasilien
1966	England	England
1970	Mexiko	Brasilien
1974	Deutschland	Deutschland
1978	Argentinien	Argentinien
1982	Spanien	Italien
1986	Mexiko	Argentinien
1990	Italien	Deutschland
1994	USA	Brasilien
1998	Frankreich	Frankreich
2002	Japan und Südkorea	Brasilien
2006	Deutschland	Italien
2010	Südafrika	Spanien
2014	Brasilien	Deutschland
2018	Russland	Frankreich
2022	Katar	
2026	Kanada, Mexiko und USA	

01 PERSONEN UND PERSÖNLICHKEITEN: THOMAS MÜLLER

THOMAS MÜLLER (* 1989) gilt als erfolgreichster deutscher Fußballspieler der Geschichte. Er hat so viele Trophäen eingeheimst wie kein anderer. Unter anderem wurde er 2014 Weltmeister mit der deutschen Nationalmannschaft, ist 2-maliger Champions-League-Sieger und 11-maliger Deutscher Meister.

Thomas Müller ist aber nicht nur ein vielseitiges Fußball-Ass, er ist auch sehr tierlieb. Zusammen mit seiner Ehefrau Lisa, einer erfolgreichen Dressurreiterin, betreibt er einen Reiterhof. Die beiden halten aber nicht nur eine Menge Pferde, sondern auch Hasen und weitere Tiere. Und sie haben zwei Hunde.

Die beiden Hunde von Thomas und Lisa Müller heißen Micky und Murmel. Die Hündin Micky war 2020 an Krebs erkrankt. Deshalb musste ihr ein Vorderbein amputiert werden, und sie erhielt eine Prothese. Dank guter Pflege kommt Micky damit gut zurecht.

SPRÜCHE UND VERSPRECHER 08

»Im Fußball überrascht mich nichts mehr, nichts! Aber das ist jetzt doch ein bisschen überraschend.«

Tommy Docherty, 1928–2020, schottischer Fußballspieler und -trainer

»Wir müssen jetzt die Köpfe hochkrempeln, und die Ärmel auch.«

Lukas Podolski, * 1985, deutscher Fußballspieler

»Fußball ist inzwischen Nummer 1 in Frankreich. Handball übrigens auch.«

Heribert Faßbender, * 1941, deutscher Sportjournalist

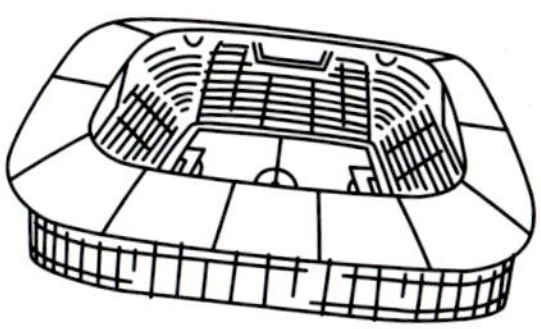

09 PERSONEN UND PERSÖNLICHKEITEN: CRISTIANO RONALDO

Er ist einer der besten Fußballspieler aller Zeiten: **CRISTIANO RONALDO**. Geboren wurde er am 5. Februar 1985 auf der portugiesischen Insel Madeira. Bereits im Alter von drei Jahren begann er dort mit dem Fußballspielen. 1997 kam er – als Zwölfjähriger – zu Sporting Lissabon, einem Fußballverein in der portugiesischen Hauptstadt Lissabon. Es war der Beginn einer langen Karriere.

Cristiano Ronaldo hält mehrere Weltrekorde im Fußball. Unter anderem hat er mehr Länderspieltore geschossen als jeder andere Fußballspieler – bis Juni 2022 waren es 117 Treffer. Mit der portugiesischen Nationalmannschaft wurde er 2016 Europameister. Cristiano Ronaldo ist aber auch 5-maliger Champions-League-Sieger. Und fünf Mal wurde er auch zum Weltfußballer gekürt.

Mit vollem Namen heißt Cristiano Ronaldo eigentlich »Cristiano Ronaldo dos Santos Aveiro«. Bekannt ist aber auch seine Modemarke »CR7«, die sich aus den Initialen seines Namens und seiner Rückennummer 7 zusammensetzt. Als Fußballspieler, durch Werbeverträge und durch seine Unternehmungen wurde Cristiano Ronaldo steinreich – das Vermögen des Fußballstars wird auf rund 450 Millionen Euro geschätzt.

10 REKORDE: DIE PEINLICHSTEN VERLETZUNGEN

Verletzungen gehören zum Profifußball leider dazu. Aber so manche Verletzung wäre vermeidbar. Dies sind die fünf peinlichsten Verletzungen:

1.Fußbedienung:
Der irische Fußballspieler Robbie Keane (* 1980) versucht 1998, die Fernbedienung seines TV-Geräts mit dem Fuß zu bedienen. Dabei verdreht er sich das Knie und zieht sich einen Bänderriss zu.

2.Verletzung beim Torjubel:
Der deutsche Fußballspieler Nicolai Müller (* 1987) trifft in der Saison 2017/18 in der Bundesliga. Beim Jubeln dreht er sich wie ein Hubschrauber um die eigene Achse – und zieht sich bei der Landung einen Kreuzbandriss zu.

3.Huckepack auf dem Fußballplatz:
1993 erzielt der englische Fußballspieler Steven Morrow (* 1970) ein Siegtor für den FC Arsenal. Ein Mitspieler nimmt ihn Huckepack – es endet mit einem Schlüsselbeinbruch.

4. Schmerzhafte Siegesfeier:
Im Jahr 2016 feiert der schwedische Fußballspieler Albin Ekdal (* 1989) den Klassenerhalt mit dem HSV. Im Club stolpert er und schneidet sich an einem Tisch den Rücken auf.

5. Verletzung beim Anfeuern:
Der deutsche Fußballspieler Patrick Ebert (* 1987) stolpert 2011 unglücklich und zieht sich eine Verletzung am Sprunggelenk zu. Und worüber stolpert er? Über eine Bierflasche am Boden.

11 DIVERSES: LEBENDE MASKOTTCHEN

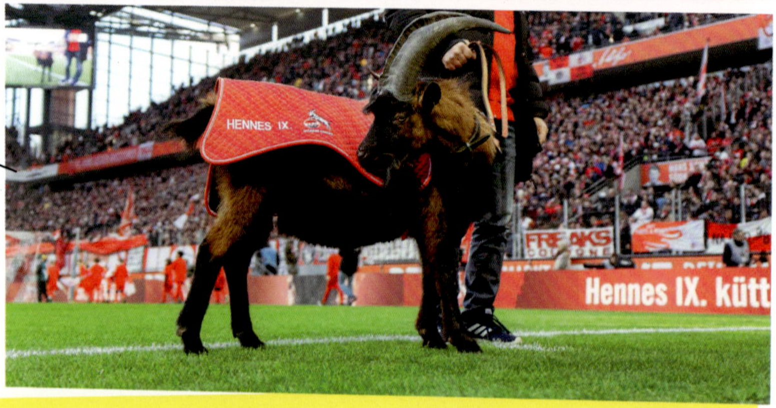

Fußball ist eine tierisch geniale Sportart! Wer weiß, vielleicht haben deshalb einige Fußballvereine echte Tiere als Maskottchen? Dafür gibt es zwei Beispiele in der deutschen Bundesliga.

Ein besonders berühmtes lebendes Maskottchen ist der Geißbock Hennes, das Maskottchen des 1. FC Köln. 1950 überreichte eine Zirkusdirektorin diesem Verein einen Geißbock als Glücksbringer. Er trug den Namen Hennes. Seither heißen alle neuen Geißböcke Hennes. Aktuell ist Hennes IX. (sprich: »Hennes der Neunte«) das Kölner Maskottchen. Wenn er nicht für seinen Fußballverein zum Einsatz kommt, wird er artgerecht im Kölner Zoo gehalten.

Das einzige weitere lebende Maskottchen der deutschen Bundesliga ist der Steinadler Attila, der 2004 geschlüpft ist und Eintracht Frankfurt seit 2006 als Maskottchen dient. Das Zuhause des Adlers ist der Wildpark Alte Fasanerie in Hanau.

12 DIE WITZIGSTEN FUSSBALLWITZE

Macht ein Fußballspieler am Flughafen Dribbelübungen. Kommt eine ältere Dame daher und meint: »Kommen Sie mit!« Fragt der Fußballspieler: »Wieso?« Erwidert die ältere Dame: »Na, ich zeige Ihnen die Toilette – Sie hüpfen doch so nervös hin und her!«

Der Fußballspieler befindet sich immer noch am Flughafen. Sagt ein Zollbeamter zu ihm: »Zeigen Sie mir doch einmal Ihren Pass!« Darauf der Fußballspieler: »Klar, sehr gern! Haben Sie einen Ball?«

Bei der Fußball-WM in Katar fragt der Fußballspieler einen Einheimischen: »Stimmt es eigentlich, dass hier 365 Tage im Jahr die Sonne scheint?« Meint der Einheimische: »Oh ja, und das ist eine sehr vorsichtige Schätzung.«

13 DAMALS UND HEUTE: GEHÄLTER

Im Fußball kann man viel Geld verdienen – sofern man zu den Besten gehört! Aber wusstest du, dass Gerd Müller, einer der größten Torjäger aller Zeiten, in den 1970er Jahren gerade einmal umgerechnet 150000 US-Dollar pro Jahr Gehalt bekam. Heute können die Gehälter hingegen im zweistelligen Millionenbereich liegen – und dabei sind die Sponsorenverträge und weitere Einnahmen noch gar nicht mitgerechnet.

So bezieht der portugiesische Fußballspieler Cristiano Ronaldo (* 1985) bei Manchester United ein Gehalt von 70 Millionen US-Dollar. Dazu summieren sich 55 Millionen US-Dollar an weiteren Einnahmen zu einem Gesamtverdienst von 125 Millionen US-Dollar – pro Jahr!

Auch der argentinische Fußballspieler Lionel Messi (* 1987) kann nicht klagen. 75 Millionen US-Dollar kassiert er bei Paris Saint-Germain als Gehalt, hinzu kommen weitere 35 Millionen US-Dollar. Macht insgesamt pro Jahr: 110 Millionen US-Dollar.

Im Frauenfußball sind die Gehälter deutlich geringer. Am besten verdient hier die US-Amerikanerin Carli Lloyd (* 1982). Ihr Gehalt bei Sky Blue FC beläuft sich auf 518000 US-Dollar. Aber auch da kommen auch noch Sponsorenverträge und Co. dazu.

TAKTIKWISSEN: TIKI-TAKA

14

»TIKI-TAKA«, schon mal gehört? Bei der Fußball-WM der Männer 2006 wurde dieses Wort zum ersten Mal verwendet, um den damaligen Spielstil der spanischen Nationalelf zu beschreiben. Seither wird es auch für andere Mannschaften verwendet, die Tiki-Taka spielen. Aber was bedeutet der Begriff eigentlich?

Beim Tiki-Taka sind die Spieler einer Mannschaft ständig in Bewegung und spielen sich kurze Pässe zu. Da sie keine weiten Pässe schießen, bleiben sie länger im Ballbesitz und können geduldig warten, bis sich eine gute Gelegenheit zum Durchbrechen der Verteidigungskette bietet.

Die spanische Nationalmannschaft hatte mit diesem Ballbesitz-Fußball einigen Erfolg. Mit Tiki-Taka wurden die Spanier 2010 Weltmeister und 2008 sowie 2012 Europameister. Später war die Taktik allerdings nicht mehr so erfolgreich. Einen großen Nachteil hat die Taktik außerdem für die Zuschauer: Die langen Ballstafetten beim Tiki-Tika können auf Dauer ziemlich langweilig sein.

15 DIE BESTEN IN DER ABWEHR

TOP 5 DER BESTEN ABWEHRSPIELER

1 Fabio Cannavaro (* 1973, Italien, u. a. 1-maliger Weltfußballer, Weltmeister 2006, 2-maliger U-21-Europameister)

2 Franco Baresi (* 1960, Italien, u. a. Weltmeister 1982, 3-maliger Champions-League-Sieger, 6-maliger italienischer Meister)

3 Lilian Thuram (* 1972, Frankreich, u. a. Weltmeister 1998, Europameister 2000)

4 Carlos Alberto (1944–2016, Brasilien, u. a. Weltmeister 1970, 7-maliger Staatsmeisterschafts-Sieger)

5 Ruud Krol (* 1949, Niederlande, u. a. Weltpokalsieger 1972, 3-maliger Champions-League-Sieger, 6-maliger niederländischer Meister)

TOP 5 DER BESTEN ABWEHRSPIELERINNEN

1 Ariane Hingst (* 1979, Deutschland, u. a. 2-malige Weltmeisterin, 4-malige Europameisterin, 2-malige deutsche Meisterin)

2 Becky Sauerbrunn (* 1985, USA, u. a. 2-malige Weltmeisterin 2015, Olympiasiegerin 2012, 2-malige Siegerin in der National Women's Soccer League)

3 Lucy Bronze (* 1991, England, u. a. 1-malige Weltfußballerin, 3-malige Champions-League-Siegerin, 3-malige englische Meisterin)

4 Steffi Jones (* 1972, Deutschland, u. a. Weltmeisterin 2003, Europameisterin 1997, 2001 sowie 2005, 5-malige deutsche Meisterin)

5 Saki Kumagai (* 1990, Japan, u. a. Weltmeisterin 2011, Asienmeisterin 2018, 5-malige Champions-League-Siegerin)

KATASTROPHEN: MASSENPANIK 16

Seit es Fußballstadien gibt, kommt es manchmal zu Situationen, in denen eine Massenpanik ausbrechen kann. Die bis heute schlimmste Massenpanik gab es 1964 im südamerikanischen Land Peru. Sie zählt zu den schlimmsten Unglücken der Sportgeschichte überhaupt.

Was ist passiert? Am 24. Mai 1964 wurde im Nationalstadion von Peru in der peruanischen Hauptstadt Lima ein Länderspiel zwischen Gastgeber Peru und Argentinien ausgetragen. Argentinien schoss in der 60. Spielminute den Treffer zum 1:0. Erst kurz vor Schluss gelang den Peruanern der Ausgleich.
Dann nahm das Unglück seinen Lauf. Der Schiedsrichter hatte ein Foulspiel gesehen und nahm den Ausgleichstreffer zurück. Die Zuschauer protestierten und es brachen heftige Tumulte aus. Schließlich stürmten einige Zuschauer den Platz und die Polizei setzte Tränengas ein, sogar Schüsse fielen. Eine Massenpanik begann – jede Person wollte zuerst beim Ausgang sein. Viele Menschen wurden dabei erdrückt oder überrannt.

Die Massenpanik im Nationalstadion Peru 1964 forderte 350 Menschenleben. Viele Hundert Menschen wurden zum Teil schwer verletzt. Ein sehr trauriges Kapitel der Fußballgeschichte!

17 REKORDE: TORE AUS DER GRÖSSTEN DISTANZ

Die meisten Tore werden im Strafraum geschossen oder zumindest in dessen Nähe. Aber so manches Tor fällt aus großer Distanz. Die Tabelle zeigt dir als Beispiel die Distanz-Rekorde der deutschen Bundesliga.

RANG	DISTANZ	TORSCHÜTZE	VEREIN	DATUM
1	83 m	Moritz Stoppelkamp	SC Paderborn	20.9.2014
2	73 m	Giorgos Tzavellas	Eintracht Frankfurt	12.3.2011
3	70 m	Klaus Allofs	1. FC Köln	31.3.1986
4	62 m	Diego	Werder Bremen	20.4.2007
5	52 m	Alex Alves	Hertha BSC	30.9.2000
6	52 m	Fabian Ernst	Werder Bremen	26.10.2002
7	50 m	Mike Hanke	Schalke 04	17.4.2004
8	50 m	Bernd Schneider	Bayer Leverkusen	17.3.2001
9	49 m	Siegfried Reich	Hannover 96	22.3.1988
10	48 m	Marcelinho	Hertha BSC	9.4.2005

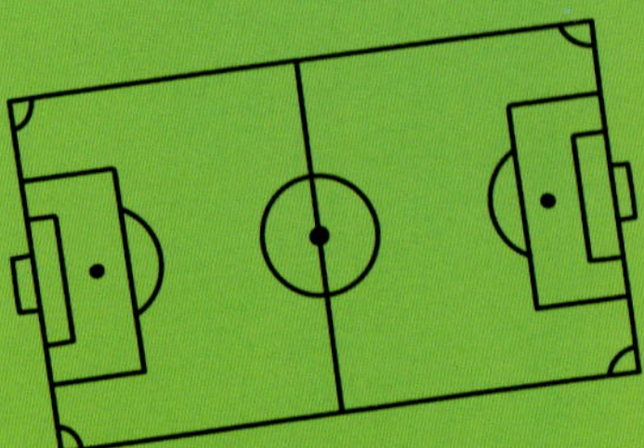

SKANDALE UND SKURRILES: DER TORFALL-VORFALL 18

Am 28 Mai 1997 gewinnt Borussia Dortmund die Champions League. Knapp ein Jahr später – am 1. April 1998 – steht Dortmund bereits wieder im Champions-League-Halbfinale. Der Gegner ist Real Madrid, der Verein, der mit Abstand am meisten Champions-League-Siege errungen hat.

Die Stimmung im Estadio Santiago Bernabéu in Madrid ist gut. Anpfiff ist um 20:45 Uhr. Oder etwa doch nicht? Nein! Denn zwei Minuten vor dem geplanten Anpfiff kippt eines der Tore um. Natürlich kann das Spiel deshalb erst mal nicht angepfiffen werden. Was ist passiert? Nun, das Tor ist am Schutzzaun hinter dem Tor befestigt. Einige Fußballfans klettern an dem Schutzzaun hoch. Der Zaun kippt – und reißt das Tor mit um. Ein neues Tor muss her! Doch woher nehmen und nicht stehlen?

Mit einem Kastenwagen wird ein Tor vom Trainingsgelände von Real Madrid herangeschafft, auch Fußballfans helfen mit. 76 Minuten nach dem Torfall-Vorfall kann die Partie doch noch angepfiffen werden. Borussia Dortmund verliert 0:2 gegen Real Madrid, den späteren Champions-League-Sieger.

19 TITEL UND POKALE: ALLE SIEGER DES AFRIKA-CUPS

MÄNNER:

JAHR	GASTGEBER	AFRIKA-CUP-SIEGER
1957	Sudan	Ägypten
1959	Ver. Arabische Rep.	Ver. Arabische Rep.
1962	Äthiopien	Äthiopien
1963	Ghana	Ghana
1965	Tunesien	Ghana
1968	Äthiopien	Kongo
1970	Sudan	Sudan
1972	Kamerun	Kongo
1974	Ägypten	Zaire
1976	Äthiopien	Marokko
1978	Ghana	Ghana
1980	Nigeria	Nigeria
1982	Libyen	Ghana
1984	Elfenbeinküste	Kamerun
1986	Ägypten	Ägypten
1988	Marokko	Kamerun
1990	Algerien	Algerien
1992	Senegal	Elfenbeinküste
1994	Tunesien	Nigeria
1996	Südafrika	Südafrika
1998	Burkina Faso	Ägypten
2000	Ghana und Nigeria	Kamerun
2002	Mali	Kamerun
2004	Tunesien	Tunesien
2006	Ägypten	Ägypten
2008	Ghana	Ägypten
2010	Angola	Ägypten
2012	Gabun und Äquatorialguinea	Sambia
2013	Südafrika	Nigeria
2015	Äquatorialguinea	Elfenbeinküste
2017	Gabun	Kamerun
2019	Ägypten	Algerien
2022	Kamerun	Senegal
2024	Elfenbeinküste	
2025	Guinea	

FRAUEN:

JAHR	GASTGEBER	AFRIKA-CUP-SIEGER
1991	kein Finalturnier	Nigeria
1995	kein Finalturnier	Nigeria
1998	Nigeria	Nigeria
2000	Südafrika	Nigeria
2002	Nigeria	Nigeria
2004	Südafrika	Nigeria
2006	Nigeria	Nigeria
2008	Äquatorialguinea	Äquatorialguinea
2010	Südafrika	Nigeria
2012	Äquatorialguinea	Äquatorialguinea
2014	Namibia	Nigeria
2016	Kamerun	Nigeria
2018	Ghana	Nigeria
2020	Tunesien	wegen Corona abgesagt
2022	Marokko	Südafrika

SPRÜCHE UND VERSPRECHER 20

»Ich konnte sehen, dass der Schiedsrichter ziemlich verwirrt war. Er hatte nämlich den gleichen Gesichtsausdruck wie einige meiner Spieler.«

Steve Coppell, * 1955, englischer Fußballtrainer

»Manchmal ergibt die Logik des Fußballs keinen Sinn.«

Gabriel Batistuta, * 1969, argentinischer Fußballspieler

»Ziege schlägt die Flanke hoch rein für Heskey, der heute gar nicht mitspielt.«

Alan Green, * 1952, nordirischer Sportkommentator

21 DIVERSES: BERÜCHTIGTE FAN-RIVALITÄTEN

Manche Städte oder Regionen haben mehrere starke Fußballmannschaften. Da brodelt es dann schon mal zwischen den Fans der verschiedenen Vereine!

Das »Revierderby« zwischen den Bundesligavereinen Borussia Dortmund und Schalke 04 ist so ein Fall. Die Städte Dortmund und Gelsenkirchen liegen nur rund 30 Kilometer voneinander entfernt im Ruhrgebiet. Treten die beiden Vereine gegeneinander an, kochen die Emotionen der Fans oft hoch. Leider kommt es auch bei beiden Fanlagern immer wieder zu Krawallen.

Ein weiteres berüchtigtes Derby gibt es in der Türkei, nämlich das »Kıtalar Arası Derbi« zwischen den Vereinen Fenerbahçe Istanbul und Galatasaray Istanbul. Ausschreitungen bei Spielen dieser beiden Mannschaften sind eher die Regel als die Ausnahme. Mehrere Jahre wurden deshalb Fans der jeweiligen Gäste nicht mehr ins Stadion gelassen.

Ebenfalls nicht weit voneinander entfernt liegen die englischen Städte Liverpool und Manchester. Besonders zwischen den Vereinen FC Liverpool und Manchester United gibt es eine berüchtigte Fan-Rivalität.

Und es gibt noch mehr! Das »ewige Derby« in Belgrad, der »Superclásico« in Buenos Aires, das »Kairo Derby«, das »Derby della Capitale« in Rom, das »Derby della Madonnina« in Mailand, ... – berüchtigte Fan-Rivalitäten gibt es auf der ganzen Welt!

PERSONEN UND PERSÖNLICHKEITEN: ZLATAN IBRAHIMOVIĆ

22

Er ist der Inbegriff des Siegertypen: **ZLATAN IBRAHIMOVIĆ**. Der 1,95 Meter große Stürmer ist immer für eine spektakuläre Aktion gut und hat schon so manches Spiel gedreht. Zlatan Ibrahimović wurde 3. Oktober 1981 in der schwedischen Stadt Malmö geboren. Seinen nicht ganz schwedisch klingenden Namen hat er von seinen Eltern erhalten, die beide aus dem ehemaligen Jugoslawien stammen.

In Malmö spielte Zlatan Ibrahimović als Jugendlicher in verschiedenen Vereinen. Auch seinen ersten Profivertrag erhielt er in Malmö, nämlich im Jahr 1999 beim Malmö FF. Von da an ging es mit seiner Fußballkarriere steil nach oben. Er stand bei einigen der besten Vereine Europas unter Vertrag, bei Ajax Amstesrdam, Juventus Turin, dem FC Barcelona, Manchester United und noch einigen weiteren. Einige Zeit galt er sogar als bestbezahlter Spieler der Welt.

Mit seinen Vereinen gewann Zlatan Ibrahimović ingesamt 14 nationale Meisterschaften: Er wurde niederländischer, italienischer, spanischer und französischer Meister. Zwölf Mal wurde er zum schwedischen Fußballer des Jahres gekürt.

2012 wurde sogar das Wort »Zlatanera« in die schwedische Sprache eingeführt, das auf dem Vornamen des Stürmers basiert und »stark dominieren« bedeutet. Eines ist Zlatan Ibrahimović jedenfalls ganz bestimmt nicht: langweilig.

23 REGELKUNDE: ALLES IN METERN

Manche Fußballfelder sind breiter und länger als andere. Unter anderem für Länderspiele sind aber ganz bestimmte Werte vorgegeben:

- Ein Fußballfeld ist 105 Meter lang und 68 Meter breit. Das ergibt eine Fläche von 7140 Quadratmetern.
- Der Strafraum hat eine Länge von 16,5 Metern und eine Breite von 40,32 Metern.
- Die Länge des Torraums beträgt 5,5 Meter, seine Breite 18,32 Meter.
- Der Mittelkreis hat einen Radius von 9,15 Metern.
- Der Radius des Eck-Viertelkreises beträgt 1 Meter.
- Ein Tor ist 7,32 Meter lang und 2,44 Meter hoch.

Der Radius des Mittelkreises ist auch wichtig, wenn ein Foul gepfiffen wird: Der Abstand der Gegenspieler zum Ball muss bei einem Freistoß oder Strafstoß ebenfalls mindestens 9,15 Meter betragen.
Und aus welcher Distanz wird ein Strafstoß aufs Tor geschossen? Genau, aus 11 Metern Entfernung. Deshalb nennt man den Strafstoß auch Elfmeter.

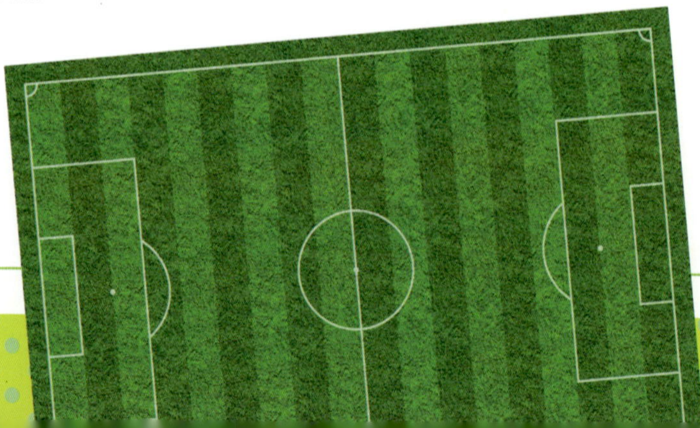

HOW TO: NO-LOOK-PASS 24

Du möchtest die Abwehrspieler alt aussehen lassen? Dies könnte dir mit einem No-Look-Pass – oder auf Deutsch: einem blinden Pass – gelingen. Wie der Name es schon verrät, spielst du bei einem No-Look-Pass den Ball in eine Richtung, in die du nicht schaust. Die Abwehrspieler können also nicht aus deinem Gesicht ablesen, wohin du den Ball spielen wirst.

Aber wie soll das denn gehen? Ganz einfach: mit viel Übung! Vor allen Dingen musst du das sogenannte periphere Sehen trainieren, also das Wahrnehmen deines Seitenblickfeldes. Schaust du geradeaus, siehst du alles scharf, was vor dir ist. Du kannst aber auch – allerdings unscharf – Dinge wahrnehmen, die sich seitlich befinden. Versuche das doch gleich einmal!

Um den No-Look-Pass auf dem Fußballfeld zu trainieren, stellen sich jeweils drei Spieler in einem Dreieck auf und spielen sich den Ball mit No-Look-Pässen zu. Um den Schwierigkeitsgrad zu erhöhen, kann der Ball auch – auf Kommando des Trainers bzw. der Trainerin – einer Person in einer anderen Dreiergruppe zugespielt werden. Denk daran: Übung macht hier den Meister!

25 REKORDE: DIE HÖCHSTEN LÄNDERSPIEL-TORERGEBNISSE

Die Fans lieben es, wenn in einem Fußballspiel viele Tore fallen. Aber gleich sooo viele? Die Tabelle zeigt dir die Länderspiele mit den höchsten Torergebnissen.

ERGEBNIS	WER GEGEN WEN?	GESCHLECHT	JAHR
31:0	Australien gegen Amerikanisch-Samao	Männer	2001
30:0	Tahiti gegen Cook-Inseln	Männer	1971
24:0	Fidschi gegen Kiribati	Männer	1977
24:0	Nordkorea gegen Singapur	Frauen	2001
22:0	Australien gegen Tonga	Männer	2001
21:0	China gegen Philippinen	Frauen	1995
21:0	Japan gegen Guam	Frauen	1997
21:0	Kanada gegen Puerto Rico	Frauen	1998
21:0	Neuseeland gegen Samoa	Frauen	1998
21:0	Australien gegen Amerikanisch-Samoa	Frauen	1998
21:0	Nordkorea gegen Guam	Männer	2005
21:0	Kuba gegen Britische Jungferninseln	Frauen	2007
21:0	Jordanien gegen Kuwait	Frauen	2013
21:0	Haiti gegen Britische Jungferninseln	Frauen	2022
20:0	Papua-Neuguinea gegen Amerikanisch-Samoa	Männer	1987
20:0	Kuwait gegen Bhutan	Männer	2000
20:0	Jordanien gegen Irak	Frauen	2010
20:0	Usbekistan gegen Afghanistan	Frauen	2018
20:0	England gegen Lettland	Frauen	2021

DIE BEKANNTESTEN VEREINSHYMNEN 26

Die wohl berühmteste Vereinshymne der Welt ist der Song »You'll Never Walk Alone«, der dem Musical »Carousel« entstammt. Die Coverversion von »Gerry & the Pacemakers« wurde ab 1963 zur Vereinshymne des FC Liverpool. Das Lied wird heute aber auch in vielen anderen Fußballstadien gesungen.

Der Song » I'm Forever Blowing Bubbles« von John Kellette wurde schon 1918 uraufgeführt. In den 1920er-Jahren wurde dieser Song zur Vereinshymne von West Ham United. Die norwegische Version » Blå Bobler« dient auch als Vereinhymne des norwegischen Eishockey-Vereins »Sparta Warriors«.

Die Vereinshymne des 1. FC Köln stammt aus der Feder der Karnevalsband »De Höhner«. Sie trägt den Titel » Mir stonn zo dir FC Kölle«. In dem Song geht es darum, dass die Herkunft der Köln-Fans egal ist – alle stehen zusammen.

Die »Himno del Club Atlético de Madrid« aus dem Jahr 1972 wird vor jedem Spielanpfiff des Vereins Atletico Madrid gesungen, und zwar von den »Rojiblancos«, den »Rotweißen«, wie die Atletico-Fans aufgrund der Vereinsfarben Rot und Weiß genannt werden.

27 DIVERSES TAKTIKWISSEN: PRESSING

Wie zwingst du deine Gegner im Fußball dazu, Fehler zu machen? Du setzt sie unter Druck, gibst ihnen keine Zeit, ihr Spiel in aller Seelenruhe aufzubauen. Du und dein Team rennt stetig auf die Gegner an, die gerade den Ball führen. Wo soll ein Gegner oder eine Gegnerin den Ball als nächstes hinspielen? Gib ihm/ihr keine Gelegenheit, lange zu überlegen!

Die Taktik, seine Gegner ständig unter Druck zu setzen, bezeichnet man als Pressing oder auf Deutsch: Druckspiel. Die Gegner werden hierbei schon in der gegnerischen Spielhälfte beim Spielaufbau gestört und zu Fehlern gezwungen. Das klingt doch gut, oder nicht?
Das Ganze hat aber einen Haken. Pressing erfordert reichlich Kondition, man kann es kaum über die gesamte Spieldauer durchhalten, sondern setzt es nur phasenweise ein. Die Pressing-Phasen können aber spielentscheidend sein!

Wird eine Pressing-Phase direkt nach einem Ballverlust eingeleitet, spricht man von »Gegenpressing«. Dabei wird versucht, den Ball so schnell wie möglich zurückzuerobern, um Konter zu verhindern.

PERSONEN UND PERSÖNLICHKEITEN: MARTA 28

Viele brasilianische Fußballstars sind nur unter ihrem Vornamen oder einem Spitznamen bekannt. Der Grund dafür ist schlicht, dass viele Brasilianer den gleichen Nachnamen teilen. Und die Fußballer wollen unverwechselbar sein.

Das gilt auch für die brasilianische Stürmerin **MARTA** (* 1986), die mit vollem Namen Marta Vieira da Silva heißt. Marta wurde schon sechs Mal zur Weltfußballerin des Jahres gewählt und gilt als eine der besten Fußballspielerinnen aller Zeiten.

Marta ist aber nicht nur eine extrem erfolgreiche Fußballerin. Sie engagiert sich auch als UN-Botschafterin. Außer Portugiesisch – das ist die Landessprache in Brasilien – spricht sie auch fließend Englisch und Schwedisch. Neben der brasilianischen Staatsbürgerschaft hat sie seit 2017 auch die schwedische Staatsbürgerschaft – in Schweden war sie mehrere Jahre lang als Fußballspielerin aktiv. Und es geht noch internationaler: Marta ist in einer Beziehung mit Toni Pressley (* 1990), einer US-amerikanischen Fußballspielerin.

29 DAMALS UND HEUTE: TRIKOTSPONSOREN

Fußball zählt zu den allerbeliebtesten Sportarten. Was könnte da näherliegen, als die Fußballmannschaften als laufende Werbeplakate einzusetzen? Beim Trikotsponsoring bezahlt ein Unternehmen einem Fußballverein hohe Beträge, damit das Unternehmenslogo auf die Trikots gedruckt wird.

Das erste Trikotsponsoring gab es 1953 in Südamerika. Die Spieler des uruguayischen Vereins Club Atlético Peñarol – ein Fußballverein der uruguayischen Hauptstadt Montevideo – liefen damals erstmals mit Werbung auf ihren Trikots auf.

Andere Länder zogen nach. So liefen z. B. 1960 die Spieler des österreichischen Vereins SK Admira Wien mit Trikotwerbung für einen Energieversorger auf. Da klingelte es schon damals in den Kassen! Heute werden hohe zweistellige Millionenbeträge für das Trikotsponsoring bezahlt. Spitzenreiter ist Real Madrid, der von seinem Sponsor Emirates – einer Fluggesellschaft – 70 Millionen Euro jährlich für das Trikotsponsoring erhält.

DIE BESTEN IM MITTELFELD 30

TOP 5 DER BESTEN MITTELFELDSPIELER

1 **Zinédine Zidane** (* 1972, Frankreich, u. a. 3-maliger Weltfußballer, Weltmeister 1998, Europameister 2000, 1-maliger Champions-League-Sieger)

2 **Lothar Matthäus** (* 1961, Deutschland, u. a. 1-maliger Weltfußballer, Weltmeister 1990, Europameister 1980)

3 **Luka Modrić** (1985, Kroatien, u. a. 1-maliger Weltfußballer, 5-maliger Champions-League-Sieger, Vize-Weltmeister 2018)

4 **Kaká** (* 1982, Brasilien, u. a. 1-maliger Weltfußballer, Weltmeister 2002, 1-maliger Champions-League-Sieger)

5 **Paul Breitner** (* 1951, Deutschland, u. a. Weltmeister 1974, Europameister 1972, 1-maliger Champions-League-Sieger)

TOP 5 DER BESTEN MITTELFELDSPIELERINNEN

1 **Carli Lloyd** (* 1982, USA, u. a. 2-malige Weltfußballerin, Weltmeisterin 2015 und 2019, Olympiasiegerin 2008 und 2012)

2 **Megan Rapinoe** (* 1985, USA, u. a. 1-malige Weltfußballerin, Weltmeisterin 2015 und 2019, Olympiasiegerin 2012)

3 **Nadine Keßler** (* 1988, Deutschland, u. a. 1-malige Weltfußballerin, Europameisterin 2013, 3-malige Champions-League-Siegerin)

4 **Homare Sawa** (* 1978, Japan, u. a. 1-malige Weltfußballerin, Weltmeisterin 2011, Asienmeisterin 2014)

5 **Alexia Putellas** (* 1994, Spanien, u. a. 1-malige Weltfußballerin, 1-malige Champions-League-Siegerin, 6-malige spanische Meisterin)

31 SKANDALE UND SKURRILES: TIERISCHER WM-HELD

Ja, man kann sagen: die Engländer haben sich den WM-Pokal 1966 hart erkämpft. Den »Coupe Jules Rimet« durften nicht nur die Engländer, sondern alle jeweiligen Fußballweltmeister von 1930 bis 1970 in die Höhe halten und im eigenen Land aufbewahren.

Allerdings gab es im Vorfeld der WM ein Problem: Der WM-Pokal wurde gestohlen. Der Pokal war bereits von den Brasilianern, den amtierenden Weltmeistern, an den Fußballweltverband übergeben worden. Am 20. März 1966 verschwand er dann bei einer Briefmarkenausstellung in London.

Natürlich löste das große Aufregung aus. Wer hat den traditionsreichen WM-Pokal gestohlen? Wo könnte er sich befinden? Nun kam ein tierischer WM-Held ins Spiel: der schwarz-weiße Mischlingshund Pickles. Er stöberte den WM-Pokal eine Woche nach dem Diebstahl in einem Gebüsch auf, wo ihn die Diebe versteckt hatten.

Pickles wurde zum WM-Helden. Sein Herrchen erhielt einen Finderlohn in Höhe von 6000 Pfund. Bei einem Festbankett durfte Pickles die Teller ablecken. Pickles starb 1967 auf der Jagd nach einer Katze. Wer den WM-Pokal gestohlen hatte, konnte nicht abschließend geklärt werden.

REKORDE: DIE HÄUFIGSTEN WM-SPRACHEN 32

Die weltweit am meisten gesprochenen Sprachen sind Englisch und Chinesisch. Aber ist das auch auf dem Fußballplatz so? Nein! Die Tabelle zeigt dir, welche Sprachen bei den Fußball-Weltmeisterschaften der Männer von 1930 bis 2022 am häufigsten gesprochen wurden.

SPRACHE	VON WIE VIELEN WM-TEILNEHMERN GESPROCHEN?
Spanisch	113
Englisch	76
Französisch	60
Deutsch	54
Portugiesisch	31
Arabisch	30
Niederländisch/Afrikaans	29
Italienisch	27
Serbokroatisch	20
Koreanisch	13
Russisch	11
Schwedisch	11
Polnisch	9
Ungarisch	9
Schottisch	8

33 SPRÜCHE UND VERSPRECHER

»Ich habe es mir sehr genau überlegt und dann spontan zugesagt.«

Toni Polster, * 1964, österreichischer Fußballspieler

»Wir dürfen jetzt nur nicht den Sand in den Kopf stecken.«

Lothar Matthäus, * 1961, deutscher Fußballspieler

»Ich mache nie Voraussagen und werde das auch niemals tun.«

Paul Gascoigne, * 1967, englischer Fußballspieler

DIE WITZIGSTEN FUSSBALLWITZE 34

Meint die Vereinsmanagerin zum Trainer: »Unsere neue Spielerin macht aber einen ganz schön verschlafenen Eindruck.« Erwidert der Trainer: »Stimmt, aber vielleicht ist es ja nur das Talent, das in ihr schlummert.«

Heute hat es die Zeugnisse gegeben. Der Sohn des Fußballstars eilt nach Hause und ruft: »Gute Nachrichten! Alle anderen müssen die Klasse wechseln. Nur mein Vertrag wurde um ein Jahr verlängert.«

Der Vereinsmanager bittet einen Fußballspieler in sein Büro und spricht: »Wir möchten, dass du verlängerst. Wir zahlen dir ein Drittel mehr.« Erwidert der Fußballspieler: »Nö, ein Drittel ist mir zu wenig – ich will mindestens ein Viertel mehr!«

35 PERSONEN UND PERSÖNLICHKEITEN: KYLIAN MBAPPÉ

Wer jubelt stets mit gekreuzten Armen und hochgehobenen Daumen? Es ist der Stürmer **KYLIAN MBAPPÉ**, der 20. Dezember 1998 in der französischen Stadt Bondy geboren wurde. 1998 – das war auch das Jahr, in dem Frankreich zum ersten Mal Fußball-Weltmeister wurde.

2018 wurde Frankreich zum zweiten Mal Weltmeister. Und da war Kylian Mbappé bereits als Spieler mit dabei. Der damals 19-jährige wurde sogar als bester junger Spieler des gesamten Turniers ausgezeichnet. 2018 und 2019 wurde Mbappé außerdem zu Frankreichs Fußballer des Jahres gekürt.

Kylian Mbappé stammt aus einer sportlichen und internationalen Familie. Seine algerische Mutter war eine erfolgreiche Handballspielerin und sein Vater – gebürtig aus Kamerun – war Jugendtrainer in Bondy. Schließlich hat er noch einen im Kongo geborenen Adoptivbruder, der ebenfalls Fußballprofi war: Jirès Kembo Ekoko (* 1988).

Seinen Torjubel, die gekreuzten Arme und die hochgehobenen Daumen, hat sich Kylian Mbappé aber von seinem kleinen Bruder Ethan abgeschaut. Der machte diese Geste immer, wenn die beiden auf der Playstation gegeneinander spielten.

TITEL UND POKALE: ALLE SIEGER DER FRAUEN-WM UND FRAUEN-EM 36

WELTMEISTER

JAHR	GASTGEBER	WELTMEISTER
1991	China	USA
1995	Schweden	Norwegen
1999	USA	USA
2003	USA	Deutschland
2007	China	Deutschland
2011	Deutschland	Japan
2015	Kanada	USA
2019	Frankreich	USA
2023	Australien/Neuseeland	

EUROPAMEISTER

JAHR	GASTGEBER	EUROPAMEISTER
1984	kein Gastgeber	Schweden
1987	Norwegen	Norwegen
1989	Deutschland	Deutschland
1991	Dänemark	Deutschland
1993	Italien	Norwegen
1995	kein Gastgeber	Deutschland
1997	Norwegen und Schweden	Deutschland
2001	Deutschland	Deutschland
2005	England	Deutschland
2009	Finnland	Deutschland
2013	Schweden	Deutschland
2017	Niederlande	Niederlande
2022	England	England

31 KATASTROPHEN: BRENNENDE TRIBÜNE

Manche unverantwortliche Fans bringen, obwohl dies verboten ist, Pyrotechnik mit ins Stadion. So werden Artikel genannt, bei denen ein Feuer entfacht wird, z. B. Bengalos. Klar, dass das brandgefährlich ist inmitten vieler Tausend anderer Zuschauer!

Die Valley-Parade-Feuerkatastrophe – benannt nach dem Valley-Parade-Stadion in der englischen Stadt Bradford – am 11. Mai 1985 hatte eine andere Ursache. Bei einem Fußballspiel der Heimmannschaft Bradford City gegen Lincoln City brach ein Feuer auf der Tribüne aus, weil ein Zuschauer seine Zigarette in einer Kunststofftasse ausdrückte. Die Tasse mit der glimmenden Zigarette fiel durch die Stufen der Tribüne auf darunter befindliche Abfälle. Diese entzündeten sich und die Katastrophe nahm ihren Lauf.

Die Tribüne brannte! Fans versuchten, durch die Ausgänge zu entkommen oder rannten aufs Spielfeld. Einige ließen während des Brandes sogar Fangesänge erklingen. Die Feuerwehr war schnell vor Ort und bekämpfte den Brand. Die Katastrophe wurde live im Fernsehen übertragen. Das Ausmaß der Katastrophe wurde erst nach und nach sichtbar. 56 Fans kamen bei der Valley-Parade-Feuerkatastrophe ums Leben, 265 wurden verletzt. Und das alles wegen einer achtlos ausgedrückten Zigarette!

38 DIVERSES: DIE BERÜHMTESTEN VEREINSWAPPEN

Jeder Fußballverein hat ein eigenes Wappen, das auf den Trikots der Mannschaften, aber z. B. auch auf Fanartikeln dargestellt wird. Man nennt diese auch Klub-Logos. 2016 wurden die schönsten Vereinswappen der Welt von der englischen Zeitung »Daily News« gekürt.

Sao Paolo FC

KAA Gent

DAS SIND DIE TOP FIVE:

RANG	VEREIN	LAND
1	Sao Paolo FC	Brasilien
2	KAA Gent	Belgien
3	Ajax Amsterdam	Niederlande
4	Juventus Turin	Italien
5	Colo Colo	Chile

Ajax Amsterdam

Juventus Turin

Colo Colo

39 REKORDE: DIE UNGLAUBLICHSTEN AUFHOLJAGDEN

Auch wenn eine Mannschaft mit mehreren Toren in Führung liegt: Zu siegesgewiss sollte sie sich nicht sein. Denn im Fußball ist vieles möglich. Es kam schon öfter vor, dass ein großer Torvorsprung noch aufgeholt wurde.

Diese Erfahrung mussten unter anderem die Nationalmannschaften von Deutschland und Angola machen. In beiden Fällen lagen die Mannschaften bereits mit 4:0 in Führung. Angola spielte 2010 im Eröffnungsspiel des Afrika-Cups gegen Mali. Erst elf Minuten vor dem Spielende startete Mali die Aufholjagd und schoss in diesem kurzen Zeitraum vier Tore. Das Spiel endete 4:4, unentschieden.

Die deutsche Nationalmannschaft hätte daraus lernen können. In einem WM-Qualifikationsspiel gegen Schweden lag sie ebenfalls über eine Stunde lang mit 4:0 in Führung. Doch dann drehten die Schweden auf – auch dieses Spiel endete 4:4.

Eine besonders spannende Aufholjagd gab es im Champions-League-Finale 2005, als bis nach der Halbzeit der AC Mailand 3:0 gegen den FC Liverpool führte. Jeder hätte da wohl auf den AC Mailand als Champions-League-Sieger gewettet. Doch innerhalb von sechs Minuten – zwischen der 54. und 60. Minute – glichen die Liverpooler aus. Sie holten sich den Champions-League-Titel schließlich im Elfmeterschießen.

SKANDALE UND SKURRILES: DIE »SCHANDE VON GIJÓN« 40

Wenn zwei Mannschaften bei einer Fußball-WM gegeneinander antreten, will doch jede gewinnen. Oder etwa doch nicht? Werfen wir heute einen Blick zurück auf den 25. Juni 1982. Bei der Fußball-WM in Spanien treffen die deutsche und die österreichische Nationalmannschaft aufeinander.

Beim WM-Gruppenspiel in der spanischen Stadt Gijón geht es bei beiden Mannschaften ums Weiterkommen in die K.-o. Runde. In der 11. Minute erzielt Horst Hrubesch das 1:0 für Deutschland. Mit diesem Ergebnis sind beide Mannschaften zufrieden, da es ihnen das Weiterkommen sichert.

Sowohl die deutsche als auch die österreichische Nationalmannschaft schieben sich den Ball nur noch hin und her, es kommt nicht mehr zu gefährlichen Torchancen. Der österreichische Sportkommentator fordert die Fans zu Hause sogar auf, die TV-Geräte auszuschalten. Und das spanische Publikum wedelt mit weißen Tüchern, um seinen Unmut zum Ausdruck zu bringen.

Aufgrund dieses »Nichtangriffspaktes« scheidet die algerische Mannschaft aus, obwohl diese in der Gruppe zwei Spiele gewonnen hatte. Außerdem wurde danach eingeführt, dass die letzten EM- Gruppenspiele gleichzeitig stattfinden sollen, um solche Nichtangriffspakte zu verhindern.

41 DIVERSES: WICHTIGE FUSSBALLVERBÄNDE

Wer organisiert eigentlich die großen Fußballturniere? Nun, das übernehmen die jeweiligen Fußballverbände. Der oberste Fußballverband ist der Weltfußballverband **FIFA**. Die »Fédération Internationale de Football Association« (kurz: FIFA) wurde am 21. Mai 1904 in Paris gegründet. Zur FIFA gehören sechs Kontinentalverbände, denen die Nationalverbände der einzelnen Mitgliedsländer angehören. Das sind die sechs Kontinentalverbände in alphabetischer Reihenfolge:

AFC: Die »Asian Football Confederation« für die Organisation des Fußballs auf dem asiatischen Kontinent zuständig.

CAF: Die »Confédération Africaine de Football« organisiert den Fußball auf dem afrikanischen Kontinent.

CONCACAF: Die » Confederation of North, Central America and Caribbean Association Football« übernimmt die Organisation in Nord- und Mittelamerika sowie in der Karibik.

CONMEBOL: Für die Organisation des Fußballs in Südamerika ist die »Confederación Sudamericana de Fútbol« zuständig.

OFC: Zur »Oceania Football Confederation« zählen Australien, Neuseeland und viele pazifische Inselstaaten.

UEFA: Die »Union of European Football Associations« organisiert den Fußball auf dem europäischen Kontinent.

DIVERSES: VOM STADION AUF DIE LEINWAND

42

Der englische Fußballspieler David Beckham (* 1975) hat es getan. Und sogar die brasilianische Fußballlegende Pelé (* 1940). Auch der französische Fußball-Star Zinédine Zidane (* 1972), der in »Asterix bei den olympischen Spielen« mitwirkte. Gar mancher Fußballspieler versucht sich als Filmstar oder tritt zum Spaß in Filmen auf.

Wenigen Fußballspielern gelingt aber eine richtige Leinwandkarriere. Vinnie Jones (* 1965) ist so ein Fall. Der Fußballprofi spielte unter anderem beim FC Chelsea und neunmal in der walisischen Nationalmannschaft. 1999 beendete er jedoch seine aktive Karriere und ist seither ein erfolgreicher Schauspieler. Unter anderem wirkte er mit in »Passwort: Swordfish« (2001), »X-Men 3: Der letzte Widerstand« (2006), »Age of the Dragons« (2011) und »Die glorreichen Sieben« (2016).

Auch der französische Fußballspieler Éric Cantona (* 1966), der 20 Tore für die französische Nationalmannschaft erzielte, schaffte eine erfolgreiche Leinwandkarriere. Im Film »Elizabeth« (1998) mit Cate Blanchett in der Titelrolle spielte er die Rolle des französischen Diplomaten Paul de Foix.

43 REGELKUNDE: WANN IST ABSEITS?

Die deutsche Fußballlegende Franz Beckenbauer (* 1945) meinte einmal: »Abseits ist, wenn der Schiedsrichter pfeift.« Nun, etwas komplizierter ist die Abseitsregel schon, aber doch leicht zu verstehen.

Zunächst einmal: Wann steht ein Fußballspieler bzw. eine Fußballspielerin im Abseits? Das ist dann der Fall, wenn drei Bedingungen erfüllt sind. Erstens muss der Spieler oder die Spielerin sich in der gegnerischen Spielhälfte befinden. Zweitens befinden sich weniger als zwei Gegenspieler (inklusive Torhüter) zwischen ihm/ihr und der Torlinie. Drittens ist er der Spieler oder die Spielerin der Torlinie näher als der Ball. Das Abseits selbst ist aber noch kein Regelverstoß.

Ein Abseits wird gepfiffen und mit einem Freistoß für die gegnerische Mannschaft bestraft, wenn der im Abseits stehende Spieler bzw. die Spielerin aktiv ins Spiel eingreift. Bei einem Zuspiel ist entscheidend, ob das Abseits zum Zeitpunkt des Abspiels durch den Mitspieler bzw. die Mitspielerin vorlag.

Übrigens: Die Abseitsregel wurde eingeführt, damit Fußballspieler nicht einfach im gegnerischen Torraum auf ein Zuspiel lauern können.

SPRÜCHE UND VERSPRECHER 44

»Würden wir jede Woche so spielen, dann wären unsere Leistungen nicht so schwankend.«

Bryan Robson, * 1957, englischer Fußballspieler

»Wir lassen uns nicht nervös machen, und das geben wir auch nicht zu.«

Olaf Thon, * 1966, deutscher Fußballspieler

»Wir müssen gewinnen. Alles andere ist primär.«

Hans Krankl, * 1953, österreichischer Fußballspieler

45 DIE BESTEN IM STURM

TOP 5 DER BESTEN STÜRMER

1 **Pelé** (* 1940, Brasilien, u. a. Weltmeister 1958, 1962 und 1970, 10-maliger Staatsmeister)

2 **Gerd Müller** (1945–2021, Deutschland, u. a. Weltmeister 1974, Europameister 1972, 3-maliger Champions-League-Sieger)

3 **Lionel Messi** (* 1987, Argentinien, u. a. 6-maliger Weltfußballer, Olympiasieger 2008, U-20-Weltmeister 2005, 4-maliger Champions-League-Sieger)

4 **Cristiano Ronaldo** (* 1985, Portugal, u. a. 5-maliger Weltfußballer, Europameister 2016, 5-maliger Champions-League-Sieger)

5 **Ronaldo** (* 1976, Brasilien, u. a. 3-maliger Weltfußballer, Weltmeister 1994 und 2002, 1-maliger Champions-League-Sieger)

TOP 5 DER BESTEN STÜRMERINNEN

1 **Birgit Prinz** (* 1977, Deutschland, u. a. 3-malige Weltfußballerin, Weltmeisterin 2003 und 2007, Europameisterin 1995, 1997, 2001, 2005 sowie 2009, 3-malige Champions-League-Siegerin)

2 **Mia Hamm** (* 1972, USA, u. a. 2-malige Weltfußballerin, Weltmeisterin 1991 und 1999, Olympiasiegerin 1996 und 2004)

3 **Marta** (* 1986, Brasilien, u. a. 6-malige Weltfußballerin, 1-malige Champions-League-Siegerin, 5-malige Schwedische Meisterin)

4 **Abby Wambach** (* 1980, USA, u. a. 1-malige Weltfußballerin, Weltmeisterin 2015, Olympiasiegerin 2004 und 2012)

5 **Lieke Martens** (* 1992, Niederlande, u. a. 1-malige Weltfußballerin, Europameisterin 2017, 1-malige Champions-League-Siegerin)

DAMALS UND HEUTE: TRIKOTS 46

Mit ihrem Trikot zeigen die Spieler, zu welcher Mannschaft sie gehören. Und viele Millionen Fans tragen die Trikots ihrer Lieblinge – ein gutes Geschäft für die Fußballvereine.

Das Wort Trikot stammt vom französischen Wort »tricoter«, das »stricken« bedeutet. Die ersten Trikots entstanden im 19. Jahrhundert mit der Turnbewegung. Auch die Spieler des 1857 gegründeten FC Sheffield – des ersten Fußballvereins der Welt – trugen, wie auf einem alten Foto zu sehen ist, die gleiche Kleidung: langärmlige Oberteile mit drei weißen Knöpfen und weißem Kragen.

Etwa bis zur Mitte des 20. Jahrhunderts bestanden Sporttrikots meistens entweder aus Baumwolle oder aus Woll-Jersey. Doch dann kamen die synthetischen Fasern auf, und Trikots wurden zunehmend aus Elastan und Polyester hergestellt. Heute achten einige Vereine auf umweltfreundliche Trikots ohne Mikroplastik, die sich z. B. aus Bambusfasern herstellen lassen.

47 PERSONEN UND PERSÖNLICHKEITEN: MANUEL NEUER

Er gilt als einer der besten Torhüter der Welt: **MANUEL NEUER**. Der am 27. März 1986 geborene Gelsenkirchener trat bereits als noch nicht mal Fünfjähriger seinem Heimatverein, dem FC Schalke 04 bei. Dort spielte er zuerst bei den Junioren, schaffte es aber 2005 bis in die Bundesliga. Beim FC Schalke 04 blieb Manuel Neuer, bis er 2011 zum FC Bayern München wechselte und auch dort äußerst erfolgreich war.

Mit dem FC Bayern München gelang Manuel Neuer 2020 sogar das Sextuple. Er gewann die deutsche Meisterschaft, den DFB-Pokal, die Champions-League, den DFL-Supercup, den UEFA-Super-Cup und die FIFA-Klub-Weltmeisterschaft.

Auch in der deutschen Fußballnationalelf, in der Manuel Neuer erstmals 2009 das Tor verteidigte, war der Welttorhüter von 2020 sehr erfolgreich. Das Highlight war der WM-Sieg 2014 in Brasilien. 2016 wurde er Kapitän der deutschen Nationalmannschaft, 2017 Kapitän beim FC Bayern München.

Dabei war in seiner Jugend noch gar nicht ausgemacht, dass Manuel Neuer ein berühmter Torhüter wird. Bis zu seinem 14. Lebensjahr spielte er nämlich auch erfolgreich Tennis. Zum Glück für die Fans hat er sich für den Fußball entschieden!

SKANDALE UND SKURRILES: HELMERS PHANTOMTOR 48

Wir schreiben den 23. April 1994. In der deutschen Bundesliga tritt der 1. FC Nürnberg beim FC Bayern München an. In der 26. Minute des Spiels trifft der deutsche Fußballspieler Thomas Helmer (* 1965) zum 1:0 für die Nürnberger. So hat es zumindest der Linienrichter gesehen.

Tatsächlich hat Helmer den Ball am linken Pfosten vorbeigeschossen – nur ein Phantomtor! Dennoch wird das Tor gegeben. Der FC Bayern kann das Spiel zwar noch drehen und gewinnt 2:1 gegen Nürnberg. Dennoch wird das Spiel wiederholt, und beim Wiederholungsspiel siegt der FC Bayern sogar mit 5:0.
Der FC Bayern wird schließlich verdient Deutscher Meister. Für den 1. FC Nürnberg hat das Phantomtor aber gravierende Folgen: Das 5:0 im Wiederholungsspiel führt zu einer so schlechten Tordifferenz, dass der 1. FC Nürnberg in die 2. Bundesliga absteigt.

Das Phantomtor von Thomas Helmer ist aber keineswegs das einzige in der Fußballgeschichte. In einem WM-Qualifikationsspiel zwischen Costa Rica und Panama schoss der panamaische Stürmer Gabriel Torres (* 1988) ebenfalls ein Phantomtor, das gegeben wurde. Panama erreichte dadurch die WM-Qualifikation und rief deshalb einen neuen Nationalfeiertag aus.

49 TITEL UND POKALE: ALLE SIEGER DER MÄNNER-EM

JAHR	GASTGEBER	EUROPAMEISTER
1960	Frankreich	Sowjetunion
1964	Spanien	Spanien
1968	Italien	Italien
1972	Belgien	Deutschland
1976	Jugoslawien	Tschechoslowakei
1980	Italien	Deutschland
1984	Frankreich	Frankreich
1988	Deutschland	Niederlande
1992	Schweden	Dänemark
1996	England	Deutschland
2000	Belgien und Niederlande	Frankreich
2004	Portugal	Griechenland
2008	Österreich und Schweiz	Spanien
2012	Polen und Ukraine	Spanien
2016	Frankreich	Portugal
2021	europaweit	Italien
2024	Deutschland	

Erfolgreichster Teilnehmer bei der Fußball-Europameisterschaft der Männer war bisher **Deutschland** mit drei Siegen und dreimal dem zweiten Platz.

REKORDE: DIE MEISTEN WM-TORE 50

MÄNNER

WIE VIELE TREFFER?	NAME	NATION
16 WM-Tore	Miroslav Klose (* 1978)	Deutschland
15 WM-Tore	Ronaldo (* 1976)	Brasilien
14 WM-Tore	Gerd Müller (1945–2021)	Deutschland
13 WM-Tore	Just Fontaine (* 1933)	Frankreich
12 WM-Tore	Pelé (* 1940)	Brasilien

FRAUEN

WIE VIELE TREFFER?	NAME	NATION
17 WM-Tore	Marta (* 1986)	Brasilien
14 WM-Tore	Birgit Prinz (* 1977)	Deutschland
14 WM-Tore	Abby Wambach (* 1980)	USA
12 WM-Tore	Michelle Akers (* 1966))	USA
11 WM-Tore	Cristiane (* 1985)	Brasilien
11 WM-Tore	Sun Wen (* 1973)	China
11 WM-Tore	Bettina Wiegmann (* 1971)	Deutschland

51 DIE WITZIGSTEN FUSSBALLWITZE

Tina bringt einen Fußball mit nach Hause. Die Mutter fragt: »Wo hast du den denn her?« Tina antwortet: »Den hat jemand beim Bolzplatz verloren.« Will die Mutter wissen: »Und bist du dir wirklich sicher, dass jemand den Ball verloren hat?« Darauf Tina: »Klar, ich habe doch gesehen, wie ein paar Mädchen danach gesucht haben.«

Die anderen Jungs stehen längst auf dem Fußballplatz, aber Tom bindet sich seit einigen Minuten die Schuhe zu. Ruft einer der Jungen: »Tom, bist du denn bald fertig? Wir wollen endlich anfangen!« Tom ruft zurück: »Fast fertig – jetzt fehlt nur noch einer!«

Die Mathelehrerin schreibt an die Tafel: 3:3. Dann fragt sie die Klasse: »Wer kann mir das Ergebnis nennen?« Meldet sich Fußballfan Marie und gibt zum Besten: »Unentschieden!«

DIVERSES: DAS BOSMAN-URTEIL UND SEINE FOLGEN

52

Planst du eine Fußballkarriere? Dann solltest du das Bosman-Urteil kennen, das 1995 vom Europäischen Gerichtshof gefällt wurde. Benannt wurde das Urteil nach dem belgischen Fußballspieler Jean-Marc Bosman (* 1964), der gegen seinen damaligen Verein RFC Lüttich klage. Doch das ist eine lange Geschichte.

WICHTIG IST, WAS DAS BOSMAN-URTEIL BESAGT, NÄMLICH ZWEI DINGE:

1. Fußballspieler dürfen in der Europäischen Union nach dem Ende ihres Vertrags ablösefrei zu einem anderen Verein wechseln.
2. Die Anzahl an EU-Ausländern in einer Fußballmannschaft in der europäischen Union darf nicht begrenzt werden.

Das Bosman-Urteil sorgt dafür, dass die Spieler in einem Verein eine bessere Position haben, wenn es um ihre weitere Karriere nach dem Vertragsende geht. Außerdem mussten die Ausländerregelungen vieler europäischer Ligen angepasst werden, denn da war die Anzahl an Ausländern in einer Mannschaft häufig begrenzt.

53 TAKTIKWISSEN: ABSEITSFALLE

Du hast in diesem Buch bereits erfahren, was ein Abseits ist (Ding 43). Die Abseitsregel kannst du auch als Taktik verwenden, um gegnerische Angriffe abzuwehren. Stell einem gegnerischen Spieler oder einer Spielerin eine Abseitsfalle!

Du siehst: Ein Spieler oder eine Spielerin rennt auf euer Tor zu, ein anderer Spieler oder eine Spielerin bereitet einen Pass nach vorn vor. Jetzt muss es schnell gehen: Lauft vom Tor weg, damit sich der angreifende Spieler oder die Spielerin während der Passabgabe im Abseits befindet. Kein weiterer Spieler außer dem Torhüter oder der Torhüterin soll sich zwischen ihm oder ihr und dem Tor befinden. Aber aufgepasst! Diese Taktik ist sehr riskant und sollte nur im Notfall verwendet werden. Denn wird der Schiedsrichter oder die Schiedsrichterin das Abseits erkennen? Das ist keineswegs sicher. Wird das Abseits nicht gepfiffen, muss der angreifende Spieler oder die Spielerin nur noch den Torhüter oder die Torhüterin überwinden. Höchste Torgefahr!

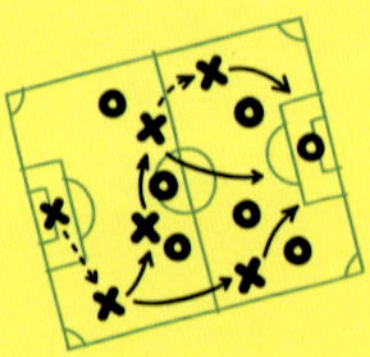

PERSONEN UND PERSÖNLICHKEITEN: MEGAN RAPINOE

54

Sie zählt zu den schillerndsten Persönlichkeiten des Frauenfußballs und kämpft für Gleichberechtigung: **MEGAN RAPINOE** (* 1985). Die US-amerikanische Mittelfeldspielerin wurde 2015 und 2019 Weltmeisterin, 2012 gewann sie mit ihrer Nationalmannschaft die olympische Goldmedaille. 2019 wurde sie wegen ihrer Verdienste beim WM-Sieg der USA zur Weltfußballerin gekürt. Aber wusstest du, dass Megan Rapinoe doppelt gibt? Na ja, zumindest fast. Sie hat eine Zwillingsschwester, die ihr sehr ähnlich sieht. Rachael Rapinoe ist ebenfalls Profi-Fußballerin, wenn auch nicht ganz so erfolgreich wie ihre Schwester.

Megan Rapinoe steht seit 2013 beim OL Reign im Großraum Seattle unter Vertrag, wobei sie aber auch mal an Olympique Lyon ausgeliehen wurde. Sie ist seit 2016 in einer Beziehung mit der US-amerikanisch-israelischen Basketballspielerin Sue Bird (* 1980), die seit 2022 für Seattle Storm spielt.

55 SPRÜCHE UND VERSPRECHER

»Wenn die nicht getroffen hätten, hätten wir gewonnen.«
Howard Wilkinson, * 1943, englischer Fußballtrainer

»Wir haben Kamerun nicht unterschätzt. Die waren einfach deutlich besser als wir gedacht hätten.«

Sir Bobby Robson, 1933–2009, englischer Fußballspieler und -trainer

»Gut, er hat drei Tore geschossen. Aber abgesehen davon hatte ich ihn ganz gut im Griff.«
Michael Duberry, * 1975, englischer Fußballspieler

REKORDE: DIE HÄUFIGSTEN VERLETZUNGEN 56

Von Profis werden Höchstleistungen verlangt – auf dem Spielfeld und beim Training. Die Verletzungsgefahr ist hoch. Lerne hier die häufigsten Verletzungen kennen.

Besonders häufig sind Verletzungen des Sprunggelenks. Dieses Gelenk verbindet den Fuß mit dem Unterschenkelknochen. Die Außenbänder des Sprunggelenks können überdehnt werden oder reißen – der Spieler oder die Spielerin fällt dann bis zu einem Monat lang aus.

Nach den Verletzungen des Sprunggelenks sind auch Verletzungen am Kniegelenk häufig, also am Gelenk, das den Oberschenkelknochen und das Schienbein verbindet. Die Kreuzbänder werden oft überdehnt oder reißen – auch in diesem Fall kommt es zu langen Ausfallzeiten des Spielers oder der Spielerin.

Muskelquetschung, Verstauchung, Gehirnerschütterung, Platzwunde … Auf dem Fußballplatz und beim Training sind viele weitere Verletzungen möglich. Deshalb heißt es: Immer gut aufpassen!

57 SKANDALE UND SKURRILES: DAS WEMBLEY-TOR

Im Fußball zählt ein Tor normalerweise nur dann, wenn der Ball in vollem Umfang die Torlinie überquert. Es genügt nicht, wenn der Ball die Torlinie nur berührt. Nun, das ist normalerweise so.

Nun betreten wir aber eine Zeitmaschine und fliegen zurück in das Jahr 1966. Am 30. Juli 1966 tritt im Londoner Wembley-Stadion die deutsche gegen die englische Nationalmannschaft an. Es ist das WM-Finale. Nach der regulären Spielzeit steht es 2:2. Es geht in die Verlängerung.

Dann geschieht es: In der 101. Minute erzielt der englische Stürmer Geoff Hurst (* 1941) ein Tor. Genauer gesagt: Er trifft die Latte, und der Ball prallt von dort auf den Boden. Aber war er hinter der Torlinie? Der Schweizer Schiedsrichter will zunächst auf Eckball entscheiden, gibt dann aber nach Rücksprache mit dem sowjetischen Linienrichter das Tor. In der 120. Minute trifft Geoff Hurst noch einmal. England ist Weltmeister.

Nach dem Spiel wird rege über das Wembley-Tor diskutiert. Sogar der damalige deutsche Bundespräsident Heinrich Lübke äußert sich: »Der Ball war drin.« Erst in einer wissenschaftlichen Analyse in den 1990er Jahren wird bewiesen, dass der Ball eben nicht drin war.

DAMALS UND HEUTE: FUSSBALLREGELN 58

Die Fußballregeln wurden im Jahr 1863 in England aufgeschrieben. Aber seither gab es eine Menge Regeländerungen – hier die 15 wichtigsten:

1870	Handspiel ist in jeder Form verboten.
1871	Der Torhüter wird eingeführt.
1872	Der Eckball wird eingeführt.
1877	Einwürfe müssen nicht mehr im rechten Winkel erfolgen.
1881	Der Schiedsrichter wird eingeführt und mit ihm die Verwarnung und der Platzverweis.
1891	Der Strafstoß nach einem Foul im Strafraum wird eingeführt.
1897	Die Spielerzahl wird auf 11 und die Spieldauer auf 90 Minuten festgelegt.
1903	Direkte Freistöße sind nun erlaubt.
1950	Die Pflicht, Schuhe zu tragen, wird eingeführt.
1967	Das Auswechseln wird erlaubt.
1970	Die Gelbe Karte (Verwarnung) und Rote Karte (Platzverweis) wird eingeführt.
1992	Die Rückpassregel wird eingeführt.
2013	Torlinientechnologie wird zugelassen.
2016	Der Video-Assistent wird eingeführt.

59 PERSONEN UND PERSÖNLICHKEITEN: LIONEL MESSI

Kennst du Lionel Andrés Messi Cuccittini? Nun, unter dem Namen **LIONEL MESSI** ist der argentinische Fußballspieler besser bekannt. Er wurde am 24. Juni 1987 in Rosario, der drittgrößten Stadt Argentiniens geboren.

Berühmt wurde Lionel Messi nicht nur als argentinischer Nationalspieler, sondern auch als Spieler des FC Barcelona. Bereits im Alter von 14 Jahren kam er zu diesem spanischen Verein und blieb 21 Jahre lang dort. Erst 2021 wechselte er vom FC Barcelona zu Paris Saint-Germain.

Lionel Messi ist einer der besten und erfolgreichsten Fußballspieler aller Zeiten. Sieben Mal wurde er zum Weltfußballer gewählt – so oft wie kein anderer Spieler. Unter anderem wurde er mit der argentinischen Nationalmannschaft 2008 Olympiasieger. Und mit dem FC Barcelona gewann er vier Mal die Champions League sowie zehn Mal die spanische Meisterschaft.

2017 heiratete Lionel Messi seine damalige Freundin Antonella Roccuzzo. Die beiden haben drei gemeinsame Söhne. Vielleicht werden sie auch einmal berühmte Fußballspieler?

DIE BESTEN AN DER LINIE 60

TOP 5 DER BESTEN TRAINER

1 **Vicente del Bosque** (* 1950, als Trainer der spanischen Nationalmannschaft u. a. 1-maliger Welttrainer, Weltmeister 2010, Europameister 2012)

2 **José Mourinho** (* 1963, als Vereinstrainer u. a. 1-maliger Welttrainer, 2-maliger Champions-League-Sieger, mehrfacher Meister in Portugal, England, Italien und Spanien)

3 **Pep Guardiola** (* 1971, als Vereinstrainer u. a. 1-maliger Welttrainer, 2-maliger Champions-League-Sieger, mehrfacher Meister in Spanien, Deutschland und England)

4 **Jupp Heynckes** (* 1945, als Vereinstrainer u. a. 1-maliger Welttrainer, 2-maliger Champions-League-Sieger, 4-maliger deutscher Meister)

5 **Jürgen Klopp** (* 1967, als Vereinstrainer u. a. 2-maliger Welttrainer, 1-maliger Champions-League-Sieger, 2-maliger Deutscher Meister sowie 1-maliger Englischer Meister)

TOP 5 DER BESTEN TRAINERINNEN

1 **Silvia Neid** (* 1964, als Trainerin der deutschen Nationalmannschaft u. a. 3-malige Welttrainerin, Weltmeisterin 2007, Europameisterin 2009 und 2013, Olympiasiegerin 2016)

2 **Jill Ellis** (* 1966, als Trainerin der US-amerikanischen Nationalmannschaft u. a. 2-malige Welttrainerin, Weltmeisterin 2015 und 2019)

3 **Pia Sundhage** (* 1960, als Trainerin der US-amerikanischen Nationalmannschaft u. a. 1-malige Welttrainerin, Olympiasiegerin 2008 und 2012, WUSA-Meisterin 2003)

4 **Sarina Wiegman** (* 1969, als Trainerin der niederländischen Nationalmannschaft u. a. 2-malige Welttrainerin, Europameisterin 2017)

5 **Emma Hayes** (* 1976, als englische Vereinstrainerin u. a. 1-malige Weltfußballerin, 5-malige Siegerin in der FA Women's Super League)

61 DIVERSES: BERÜHMTE FEHLSCHÜSSE

Manchmal geht es beim Elfmeterschießen um alles, nämlich um den Titel bei einem großen Turnier. Ein schlimmes Gefühl für einen Elfmeterschützen oder eine Elfmeterschützin, wenn er/sie den Ball gegen die Latte haut oder am Tor vorbeischießt.

So geschah es Uli Hoeneß (* 1952), einem deutschen Fußballspieler. Im EM-Finale 1976 zwischen der damaligen Tschechoslowakei gegen Titelverteidiger Deutschland steht es 2:2 nach Verlängerung. Im Elfmeterschießen treffen alle Spieler beider Mannschaften, bis auf einen: Uli Hoeneß. Der schießt über das Tor – die Tschechoslowakei wird Europameister.

Uli Hoeneß war aber nicht die einzige tragische Gestalt der Fußballgeschichte. Wir springen zum Finale der Fußball-WM 1994. Im Finale zwischen Brasilien und Italien steht es nach Verlängerung immer noch 0:0. Das Elfmeterschießen muss die Entscheidung bringen. Sehr spannend: die Torhüter parieren jeweils einen Elfmeter. Der Fußballspieler Roberto Baggio (* 1967) hat das italienische Fußballglück auf dem Fuß – und schießt wie Uli Hoeneß übers Tor. Brasilien freut sich über einen weiteren Weltmeistertitel.

Mehrere peinliche Momente erlebte der englische Fußballstar David Beckham (* 1975) im Zuge der EM 2004. In einem Qualifikationsspiel rutschte er bei einem Elfmeter aus und verschoss. Und während der EM verschoss er gleich zwei weitere Elfmeter. England musste nach dem verlorenen Viertelfinale nach Hause reisen.

KATASTROPHEN: TERROR IN FRANKREICH 62

Wer zu einem Fußballspiel geht, möchte Spaß haben und seine Mannschaft anfeuern. Doch leider gibt es einige Menschen auf der Welt, die etwas anderes im Schilde führen. Am 13. November 2015 – einem Freitag – freuten sich rund 80000 Zuschauer auf das Freundschaftsspiel der französischen gegen die deutsche Nationalmannschaft der Männer im Stade de France in Paris. Ein wunderschöner Abend!

Doch dann kam alles anders. Nach Spielbeginn versuchten mehrere islamistische Terroristen mit Sprengstoffwesten ins Stadion zu gelangen. Teilweise wurden sie erkannt und flüchteten. Alle sprengten sich vor dem Stadion selbst in die Luft. Auch an anderen Orten in Paris kam es am gleichen Abend zu weiteren Sprengstoffattentaten.

Die Explosionen waren im Stadion zu hören. Viele dachten aber, es handelt sich um Feuerwerkskörper. Damit keine Panik ausbricht, wurde das Freundschaftsspiel fortgesetzt. Die deutsche Nationalmannschaft blieb aus Sicherheitsgründen die ganze Nacht über im Stadion und wurde von dort am nächsten Morgen zum Flughafen gebracht.

Die Sprengstoffattentate am 13. November 2015 in Paris forderten 130 Todesopfer, 683 Menschen wurden verletzt. Auch die Cousine des französischen Fußballspielers Lassana Diarra (* 1985) kam an jenem Abend ums Leben.

63 REGELKUNDE: AUSWECHSLUNGEN

Auswechslungen waren im Fußball nicht immer erlaubt. Gemäß FIFA-Regel durfte ab 1967 in einem Pflichtspiel zunächst nur ein einziger verletzter Spieler pro Mannschaft durch einen anderen Spieler ersetzt werden. Von 1968 bis 1994 waren dann zwei Auswechslungen pro Mannschaft möglich. Ab 1995 waren es drei mögliche Auswechslungen pro Mannschaft. Und 2018 wurde ein zusätzlicher Wechsel in der Verlängerung erlaubt. Während der Corona-Krise wurde schließlich die Möglichkeit eingeführt, während eines Pflichtspiels sogar fünfmal pro Mannschaft auszuwechseln.

Die Auswechslung darf nur während einer Spielunterbrechung erfolgen, also z. B. wenn der Ball im Aus gelandet ist. Zunächst muss der zu ersetzende Spieler bzw. die zu ersetzende Spielerin das Spielfeld verlassen. Erst dann darf der Auswechselspieler bzw. die Auswechselspielerin das Spielfeld betreten. Bei großen Turnieren und in hochklassigen Ligen zeigt ein »vierter Offizieller« bzw. eine »vierte Offizielle« die Rückennummern der Auszuwechselnden auf einer Tafel an.

Durch eine Auswechslung darf die Anzahl der Spieler einer Mannschaft nicht erhöht werden. Sieht ein Spieler oder eine Spielerin die rote Karte, erhält er/sie also einen Platzverweis, darf er/sie nicht durch einen anderen Spieler oder eine andere Spielerin ersetzt werden.

SKANDALE UND SKURRILES: WECHSELFEHLER 64

Beim Auswechseln muss der Trainer bzw. die Trainerin einer Mannschaft ganz schön auf der Hut sein. Denn es kamen im Profifußball schon häufiger Wechselfehler vor.

So geschah es auch in einem Champions-League-Spiel am 30 September 1992. Der VfB Stuttgart und Leeds United traten im Stadion an der Elland Road in Leeds gegeneinander an. Das Hinspiel war 3:0 für die Stuttgarter ausgegangen. Die Spieler von Leeds United mussten sich beim heutigen Rückspiel also richtig aufopfern. Und das taten sie. Sie entscheiden das Spiel 4:1 für sich. Dennoch wäre, aufgrund des Auswärtstors, der VfB-Stuttgart in die nächste Runde weitergekommen.

Wäre! Denn in der der 83. Minute des Rückspiels wechselte der Stuttgarter Trainer den Innenverteidiger Jovica Simanic gegen den Mittelfeldspieler Maurizio Gaudino ein. Mit Jovica Simanic hatte der VfB Stuttgart vier Ausländer auf dem Feld stehen, erlaubt waren damals aber nur drei Ausländer. Ein Wechselfehler.

Aufgrund des Wechselfehlers wurde als Ergebnis im Rückspiel statt eines 4:1 ein 3:0 für Leeds United angesetzt. Es musste deshalb noch ein Entscheidungsspiel ausgetragen werden, das Leeds United mit 2:1 gewann. Der Wechselfehler hatte den VfB Stuttgart also das Weiterkommen in der Champions League gekostet.

65 HOW TO: SO VERWANDELST DU JEDEN ELFMETER

Der Elfmeter ist ein ganz großer Moment. Ganz cool legst du den Ball auf den Elfmeterpunkt, du trittst an und versenkst den Ball im Tor. Damit das auch wirklich gelingt, haben wir hier die ultimativen Elfmeter-Tipps für dich gesammelt.

1. Übe in jeder freien Minute, den Ball gezielt im Tor zu platzieren, am besten natürlich auf dem Fußballplatz oder zumindest einem Bolzplatz.
2. Wenn du einen Elfmeter schießen musst, bleib cool und konzentriert. Trete auf wie z. B. Cristiano Ronaldo, ganz so, als wärst du der oder die Größte!
3. Schau dem Torhüter oder der Torhüterin in die Augen. Zeig ihm keine Nervosität – dann wird er oder sie selbst nervös.
4. Wenn du Anlauf nimmst, halte vor dem Elfmeterschuss noch mal einen kurzen Moment inne. Springt der Torhüter oder die Torhüterin bereits in eine Ecke? Dann nimm die andere Ecke.
5. Oft ist es aber auch eine gute Idee, einfach in die Tormitte zu zielen. Der Torhüter oder die Torhüterin möchte Aktion zeigen. Lass ihn/sie und versenke den Ball gelassen in der Mitte des Tors.

DAMALS UND HEUTE: FRAUENFUSSBALL

66

Heute ist es ganz normal, dass Frauen Fußball spielen und ihre eigenen Turniere austragen. Schon 1984 gab es die erste Fußball-Europameisterschaft der Frauen. Und seit 1991 gibt es alle vier Jahre eine Fußball-Weltmeisterschaft der Frauen.

Doch es gab im Frauenfußball auch einmal andere Zeiten. So wurde z. B. 1921 den Frauen vom englischen Fußballverband verboten, die Stadien zu benutzen, da Fußball für Frauen »nicht geeignet« sei. Und der deutsche Fußballverband verbot 1955 das Bilden von Frauenmannschaften.

In den 1970er Jahren erkämpften sich die Frauen aber auch im Fußball ihre Gleichberechtigung. Die Fußballverbote wurden aufgehoben, es wurden entsprechende Verbände gründete und die ersten Turniere ausgetragen.

Das erste internationale Turnier der Frauen war die Asienmeisterschaft 1975, die in Hongkong ausgetragen wurde. Nur sechs Frauenmannschaften nahmen daran teil, aber es war ein Anfang!

67 TITEL UND POKALE: ALLE SIEGER DER CHAMPIONS LEAGUE

FRAUEN

SAISON	CHAMPIONS-LEAGUE-SIEGER	NATION
2001/02	1. FFC Frankfurt	Deutschland
2002/03	Umeå IK	Schweden
2003/04	Umeå IK	Schweden
2004/05	1. FFC Turbine Potsdam	Deutschland
2005/06	1. FFC Frankfurt	Deutschland
2006/07	Arsenal LFC	England
2007/08	1. FFC Frankfurt	Deutschland
2008/09	FCR 2001 Duisburg	Deutschland
2009/10	1. FFC Turbine Potsdam	Deutschland
2010/11	Olympique Lyon	Frankreich
2011/12	Olympique Lyon	Frankreich
2012/13	VfL Wolfsburg	Deutschland
2013/14	VfL Wolfsburg	Deutschland
2014/15	1. FFC Frankfurt	Deutschland
2015/16	Olympique Lyon	Frankreich
2016/17	Olympique Lyon	Frankreich
2017/18	Olympique Lyon	Frankreich
2018/19	Olympique Lyon	Frankreich
2019/20	Olympique Lyon	Frankreich
2020/21	FC Barcelona	Spanien
2021/22	Olympique Lyon	Frankreich

TITEL UND POKALE: ALLE SIEGER DER CHAMPIONS LEAGUE

68

MÄNNER

SAISON	CHAMPIONS-LEAGUE-SIEGER	NATION
2001/02	Real Madrid	Spanien
2002/03	AC Mailand	Italien
2003/04	FC Porto	Portugal
2004/05	FC Liverpool	England
2005/06	FC Barcelona	Spanien
2006/07	AC Mailand	Italien
2007/08	Manchester United	England
2008/09	FC Barcelona	Spanien
2009/10	Inter Mailand	Italien
2010/11	FC Barcelona	Spanien
2011/12	FC Chelsea	England
2012/13	FC Bayern München	Deutschland
2013/14	Real Madrid	Spanien
2014/15	FC Barcelona	Spanien
2015/16	Real Madrid	Spanien
2016/17	Real Madrid	Spanien
2017/18	Real Madrid	Spanien
2018/19	FC Liverpool	England
2019/20	FC Bayern München	Deutschland
2020/21	FC Chelsea	England
2021/22	Real Madrid	Spanien

69 DIVERSES: DIE BESTEN WM-SONGS

Zu jedem Fußballspiel gehören auch die passenden Lieder zum Mitsingen oder zum Tanzen auf der Siegesfeier. Hier erhältst du einen Soundtrack der letzten zehn Fußball-Weltmeisterschaften der Männer.

WELCHE WM?	SONG	INTERPRET
2022	Hayya Hayya (Better Together)	Trinidad Cardona, Davido & Aisha
2018	Live It Up	Nicky Jam ft. Will Smith & Era Istrefi
2014	Tatu Bom de Bola	Arlindo Cruz
2010	Waka Waka	Shakira
2006	The Time of Our Lives	Il Divo ft. Toni Braxton
2002	Boom	Anastacia
1998	La Copa de la Vida	Ricky Martin
1994	We Are the Champions	Queen
1990	Un'estate italiana	Edoardo Bennato & Gianna Nannini
1986	El mundo unido por un balón	Juan Carlos Abara

DIE WITZIGSTEN FUSSBALLWITZE 10

Heiner und Renate schauen sich die Fernsehübertragung eines Fußballspiels an. Renate fiebert richtig mit und ruft: »Das war abseits!«, »Jetzt gib doch endlich den Ball ab!« oder »Achtung, der Stürmer steht frei!«. Meint Heiner verwundert zu Renate: »Meinst du wirklich, die können dich im Stadion hören?«

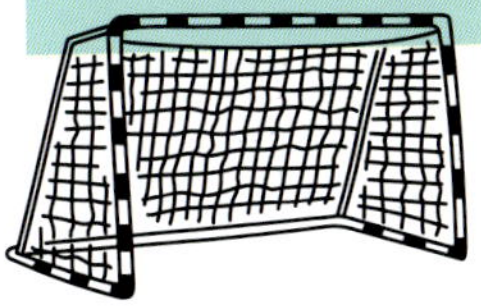

Leonie sagt zu Meike: »Wie war's im Fußballstadion? Ich konnte mir die Übertragung leider nur im Radio anhören.« Meint Meike: »Es war toll! Dann hast du mich im Radio bestimmt gehört.« Staunt Leonie: »Wieso, wurdest du etwa interviewt?« Erwidert Meike: »Das nicht, aber ich habe ganz laut TOOOR!!! gerufen.«

Emma klagt Sophie ihr Leid: »Mein Freund beschwert sich, dass ich nur Fußball im Kopf habe.« Meint Sophie: »Oh, wie fies!« Darauf Emma: »Nicht wahr? Schließlich gehe ich schon seit drei Spielzeiten mit ihm.«

71 PERSONEN UND PERSÖNLICHKEITEN: PELÉ

Hast du schon einmal von Edson Arantes do Nascimento gehört? Wohl kaum. Seinen Fußballernamen kennst du aber bestimmt: **PELÉ**. Der brasilianische Stürmer wurde am 23. Oktober 1940 in Três Corações, einer relativ kleinen Stadt in Brasilien geboren. Schon sein Vater war ein begabter Fußballspieler, dieser musste aber seine Karriere wegen einer Knieverletzung aufgeben.

Nicht aber Pelé. Dieser spielte von 1956 bis 1974 beim FC Santos und von 1957 bis 1971 in der brasilianischen Nationalmannschaft. Mit beiden Mannschaften feierte er grandiose Erfolge: Er wurde 1958, 1962 und 1970 Weltmeister und gewann unter anderem zehn nationale Meistertitel in Brasilien. 1999 wurde er von der FIFA zum Spieler des 20. Jahrhunderts gewählt. Seine Karriere als Fußballspieler beendete er von 1975 bis 1977 bei New York Cosmos – und wurde mit diesem Verein 1977 Meister in der North American Soccer League.

Nach seiner Fußballerkarriere gingen die Erfolge in anderen Bereichen weiter: Pelé gründete eine Sportmarketing-Agentur, er wurde UN-Sonderbotschafter und war einige Jahre sogar brasilianischer Sportminister.

SKANDALE UND SKURRILES: FLITZER IM FUSSBALL

72

Es kommt immer wieder mal vor: Personen flitzen während eines Spiels aufs Fußballfeld, manchmal sogar splitternackt. Das Spiel muss dann vom Schiedsrichter unterbrochen werden, bis die Personen vom Platz geschafft sind. Solche Personen nennt man »Flitzer«.

Ein bekannter Flitzer ist der Engländer Mark Roberts, der schon mehrere große Veranstaltungen sprengte, indem er splitternackt irgendwo auftauchte. Ein Husarenstück gelang ihm z. B. beim UEFA-Cup-Finale 2003, das am 21. Mai 2003 in Sevilla ausgetragen wurde. Der FC Porto gewann damals 3:2 nach Verlängerung gegen Celtic Glasgow. Aber nicht nur die Spieler der beiden Mannschaften, sondern auch der Flitzer Mark Roberts war mit von der Partie. Dieser verkleidete sich als Schiedsrichter und konnte sich so in den Innenraum des Olympiastadions von Sevilla schleichen. Die Schiedsrichterkluft behielt er aber nicht an, sondern rannte vor den johlenden Fans nackt übers Spielfeld.

Ein ebenfalls bekannter spanischer Flitzer nennt sich selbst Jimmy Jump, heißt aber eigentlich Jaume Marquet i Cot. Auch er startete schon zahlreiche Flitzer-Attacken, z. B. lief er beim Finale der Fußball-EM 2004 auf den Platz. Immerhin behält er bei seinen Aktionen seine Kleider an.

13 DIVERSES: PROFIS MIT HANDICAP

Klar, man kann trotz Handicap Fußball spielen. Aber kann man mit einer Behinderung auch Fußballprofi werden?Oh ja, man kann, wie es die folgenden beiden Beispiele beweisen.

Da wäre zum einen der spanische Fußballspieler Álex Sanchez, der 1989 in Saragossa geboren wurde. Seine rechte Hand war von Geburt an nicht ausgebildet. Trotzdem begann er eine Fußballerkarriere als Mittelstürmer, die ihn zu mehreren spanischen und sogar einem australischen Verein führte. Ein Highlight waren für ihn sicher seine drei Einsätze in der Copa del Rey, dem spanischen Pokalwettbewerb.

Auch Stefan Markolf (* 1984) entschied sich für eine Karriere als Profifußballer, und das obwohl er von Geburt an so gut wie taub ist. Mithilfe von speziellen Hörgeräten konnte der Abwehrspieler dennoch erfolgreich verteidigen. Beim 1. FSV Mainz 05 spielte er unter dem Trainer Jürgen Klopp. Stefan Markolf beendete seine aktive Karriere 2014 und arbeitet heute als Physiotherapeut und Osteopath.

DIVERSES: WIE WIRD MAN EINLAUFKIND? 74

WÄRST DU GERN MAL EIN EINLAUFKIND?

Ein Einlaufkind – man nennt es auch Auflaufkind – läuft bei großen Turnieren Hand in Hand mit einem Fußballprofi auf das Fußballfeld, posiert für ein Gruppenfoto und verlässt den Platz dann wieder. Da stellt sich nur die Frage: Wie wird man eigentlich so ein Einlaufkind?

Nun, für die Auswahl sind entweder die Klubs, die Organisatoren von Turnieren oder die Sponsoren von Mannschaften zuständig. In England beispielsweise werden die Plätze als Einlaufkind zum Teil verlost, zum Teil lassen sich diese aber auch kaufen. Dafür werden dann 500 Euro oder noch mehr fällig. Und nein, die bekommt man nicht – man muss sie bezahlen!

Beim DFB-Pokal in Deutschland läuft es anders. Dort kann man sich als Einlaufkind bewerben, sofern man zwischen sechs und zehn Jahre alt und höchsten 1,50 m groß ist. Man muss außerdem »schulsporttauglich« sein. Die Bewerbung ist aber eher ein Gewinnspiel, in dem es nicht nur den Posten als Einlaufkind zu gewinnen gibt, sondern auch noch Eintrittskarten für dich als Einlaufkind und eine Begleitperson. Außerdem bekommst du ein Bekleidungsset. Die Kosten für die Anfahrt müssen du und deine Begleitperson aber selbst tragen.

75 REKORDE: DIE GRÖSSTEN FUSSBALLSTADIEN

In einem Fußballstadion bejubeln oft Zigtausende Menschen ihre Mannschaften. Aber welche Fußballstadien haben eigentlich am meisten Sitzplätze und gelten damit als die größten Fußballstadien der Welt? Die Tabelle gibt dir eine Übersicht über die Top Ten.

RANG	SITZPLÄTZE	NAME DES STADIONS	JAHR	STADT	LAND
1	114000	Stadion Erster Mai	1989	Pjöngjang	Nordkorea
2	100024	Melbourne Cricket Ground	1853	Melbourne	Australien
3	99354	Camp Nou	1957	Barcelona	Spanien
4	94700	Soccer City	2009	Johannesburg	Südafrika
5	90888	Rose Bowl Stadium	1923	Pasadena	USA
6	90000	Wembley-Stadion	2007	London	England
7	88306	Gelora-Bung-Karno-Stadion	1962	Jakarta	Indonesien
8	87411	Nationalstadion Bukit Jalil	1998	Kuala Lumpur	Malaysia
9	87000	Aztekenstadion	1966	Mexiko-Stadt	Mexiko
10	86000	Stadion Borg el-´Arab	2006	Alexandria	Ägypten

Wembley-Stadion

REKORDE: DIE GRÖSSTEN FUSSBALLVEREINE 76

Wenn du Fan eines Fußballvereins bist, möchtest du dort vielleicht auch Mitglied werden. Da bist du nicht allein! Fußballvereine zählen zu den Sportvereinen mit den meisten Mitgliedern der Welt. Schau dir nur mal die Top Ten an!

RANG	MITGLIEDER	VEREIN	STADT	LAND
1	293000	FC Bayern München	München	Deutschland
2	231200	Benfica Lissabon	Lissabon	Portugal
3	160023	FC Schalke 04	Gelsenkirchen	Deutschland
4	157191	Borussia Dortmund	Dortmund	Deutschland
5	145665	River Plate	Buenos Aires	Argentinien
6	143459	FC Barcelona	Barcelona	Spanien
7	138000	FC Porto	Porto	Portugal
8	135987	Deportivo Guadalajara	Guadalajara	Mexiko
9	132432	Boca Juniors	Buenos Aires	Argentinien
10	126000	Internacional Porto Alegre	Porto Alegre	Brasilien

(Stand: Sommer 2022)

77 DIVERSES: VOM STADION INS TONSTUDIO

Fußballspielen ist ein Talent, manche Fußballspieler sind aber noch dazu musikalisch. So zog es z. B. den US-amerikanischen Fußballspieler Alexi Lalas (* 1970) noch vor dem Ende seiner aktiven Karriere ins Tonstudio. Der deutsche Fußballspieler Marten Laciny (* 1982) startete unter dem Künstlernamen »Marteria« als Rapper durch. Und der französische Fußballspieler Djibril Cissé (* 1981) legt als DJ auf.

Dass auch ganze Mannschaften musikalisches Talent haben können, bewies in der Vergangenheit die deutsche Nationalelf. Sie brachte gleich mehrere Lieder heraus, und zwar jeweils zu einer Fußball-WM.

JAHR	TITEL
1973	Fußball ist unser Leben
1978	Buenos Dias Argentina (zusammen mit Udo Jürgens)
1982	Olé España (zusammen mit Michael Schanze)
1986	Mexico Mi Amor (zusammen mit Peter Alexander)
1990	Sempre Roma (zusammen mit Udo Jürgens)
1994	Far Away in America (zusammen mit den Village People)

Das erste Lied der deutschen Nationalelf, nämlich »Fußball ist unser Leben« wurde bereits im Jahr vor der WM 1974 veröffentlicht, die in Deutschland ausgetragen wurde. Die Lieder » Buenos Dias Argentina « und »Olé España« stürmten sogar Platz 1 der deutschen Musik-Charts.

PERSONEN UND PERSÖNLICHKEITEN: MOHAMED SALAH 78

In seinem Heimatland Ägypten ist er längst ein Nationalheld: **MOHAMED SALAH**. Der Rechtsaußen wurde am 15. Juni 1992 in der ägyptischen Stadt Basyoun geboren. Dort unternahm er auch seine ersten Schritte im Fußball. Doch schon bald spielte er bei großen Teams in Europa: beim FC Basel, beim FC Chelsea, beim AS Rom und seit 2017 beim FC Liverpool. Seit 2011 kickt Mohamed Salah außerdem für die ägyptische Nationalmannschaft. 2017 und 2018 wurde er zu Afrikas Fußballer des Jahres gewählt. Am Champions-League-Sieg des FC Liverpool in der Saison 2018/2019 hatte er großen Anteil. Privat ist der praktizierende Muslim ein Pfundskerl, der ohne Skandale auskommt. Er setzt er sich für die Frauenrechte in islamischen Ländern ein. Und als er und seine Familie 2017 im Kongo bestohlen wurden – er befand sich dort wegen eines WM-Qualifikationsspiels zwischen Ägypten und Kongo – ließ er den später gefangenen Einbrecher nicht einsperren. Nein, er gab ihm Geld und half ihm dabei, Arbeit zu finden. Mohamed Salah ist in Ägypten so beliebt, dass er dort 2018 rund eine Million Stimmen bei der Wahl zum Staatspräsidenten erhielt – und das, obwohl er gar nicht zur Wahl aufgestellt war.

19 REKORDE: DIE SPIELER MIT DEM HÖCHSTEN MARKTWERT

Manche Fußballspieler sind so wertvoll wie ein paar Hundert Häuser. Denn klar: Sie können ihrem Verein durch gewonnene Spiele und verkaufte Fanartikel eine Menge Geld einbringen. Kennst du alle Namen in der Tabelle?

MARKTWERT IN €	NAME	POSITION	LAND
160 Mio.	Kylian Mbappé	Mittelstürmer	Frankreich
150 Mio.	Erling Haaland	Mittelstürmer	Norwegen
100 Mio.	Vinicius Junior	Linksaußen	Brasilien
90 Mio.	Phil Foden	Zentrales Mittelfeld	England
90 Mio.	Mohamed Salah	Rechtsaußen	Ägypten
90 Mio.	Harry Kane	Mittelstürmer	England
85 Mio.	Dušan Vlahović	Mittelstürmer	Serbien
85 Mio.	Bruno Fernandes	Offensives Mittelfeld	Portugal
85 Mio.	Kevin De Bruyne	Offensives Mittelfeld	Belgien

Du merkst, einige Spieler sind nicht so berühmte Stars wie Cristiano Ronaldo (Marktwerkt: 30 Mio. Euro), Lionel Messi (Marktwert: 50 Mio. Euro) oder Neymar (Marktwert: 75 Mio. Euro). Bei der Berechnung des Marktwerts zählen nämlich nicht nur die aktuellen Leistungen eines Spielers oder einer Spielerin, sondern unter anderem auch das Alter und die Vertragslaufzeit.

SPRÜCHE UND VERSPRECHER 80

»Es geht erstens um Spaß und zweitens darum, den Gegner leiden zu sehen.«

Bixente Lizarazu, * 1969, französischer Fußballspieler

»Ich kann die Karotte am Ende des Tunnels sehen.«

Stuart Pearce, * 1962, englischer Fußballspieler

»Ich glaube nicht an Glück, aber ich bin sicher, dass wir es brauchen werden.«

Alan Ball, 1945–2007, englischer Fußballspieler und -trainer

81 SKANDALE UND SKURRILES: DIE NUMMER MIT DER RÜCKENNUMMER

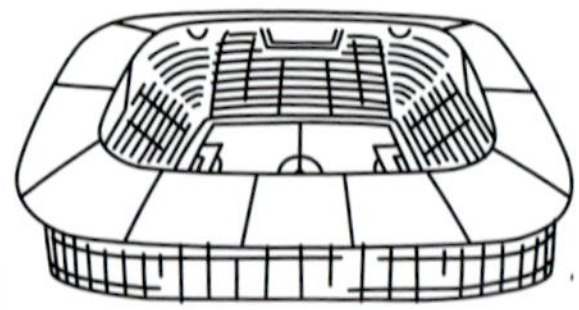

Der chilenische Fußballspieler Iván Zamorano (* 1967) hat seine aktive Karriere längst beendet. Für die chilenische Nationalmannschaft betritt der Stürmer 69 Spiele, in denen er 34 Tore erzielte. 1996 wechselte er von Real Madrid zu Inter Mailand und trug dort zunächst seine Rückennummer 9 …

… bis der brasilianische Fußballstar Ronaldo (* 1976) 1997 ebenfalls zu Inter Mailand kam. Iván Zamorano wurde gezwungen, seine Rückennummer 9 an den berühmteren Ronaldo abzugeben. Als Ersatz erhielt er die Rückennummer 18.

Was tat der chilenische Fußballer nun? Er brachte auf dem Trikot ein Pluszeichen zwischen die 1 und 8 an – seiner Rückennummer 18. Das Ergebnis von 1 + 8 ist bekanntlich 9. Iván Zamorano hatte auf diese Weise seine ursprüngliche Rückennummer zurückbekommen, wenn auch nur mathematisch.

DIVERSES: TORE VON TORHÜTERN

82

Im Fußball geht die Torgefahr meistens vom Angriff aus, zumindest jedoch von Feldspielern. Aber es gibt auch torgefährliche Torhüter!

Als besonders torgefährlich galt der frühere Torhüter und heutige Trainer Rogério Ceni (* 1973). Der Brasilianer erzielte in 1256 Spielen für den FC Sao Paulo 131 Tore. Die Tore fielen allerdings nicht aus dem Spiel heraus. Rogério Ceni verwandelte 69 Elfmeter und 62 Freistöße. Dem südafrikanischen Torhüter Oscarine Masuluke (* 1993) gelangen zwar nicht so viele Tore wie dem Brasilianer, aber dafür ein besonders schönes. 2016 spielte sein Verein Baroka FC in der südafrikanischen Premier League gegen die Orlando Pirates. In der Nachspielzeit gelang ihm der Ausgleichstreffer zum 1:1 mit einem Fallrückzieher. Das Tor brachte es bei der FIFA-Wahl zum Tor des Jahres auf Platz 2. Gleich zwei Tore in einem einzigen Spiel gelangen 1999 dem deutschen Torhüter Hans-Jörg Butt (* 1974) in einem Bundesligaspiel zwischen dem Hamburger SV und dem VfB Stuttgart. Butt versenkte zwei Elfmeter im gegnerischen Tor.

83 REGELKUNDE: DAS GOLDEN GOAL

Es war einmal ... das »Goldene Tor«. Das Golden Goal wurde von 1993 bis 2002 als Fußballregel der FIFA geführt. Die Regel besagte Folgendes: Steht es in einem K.-o.-Spiel nach der regulären Spielzeit unentschieden, geht es in die Verlängerung. So ist es ja auch heute noch.

Allerdings griff damals die Golden-Goal-Regel. Die Mannschaft, die in der Verlängerung, den ersten Treffer – das Golden Goal – landete, gewann das Spiel, selbst wenn dieses Tor bereits kurz nach Anpfiff der Verlängerung fiel.

Das erste Golden Goal erzielte bei den Männern der deutsche Stürmer Oliver Bierhoff (* 1968) im Finale der Fußball-EM 1996, das zwischen Deutschland und Tschechien ausgetragen wurde. Bierhoff schoss das Golden Goal in der 95. Minute – und Deutschland wurde damit sofort Europameister.

Da die Golden-Goal-Regel vielen Zuschauern den Spaß verdarb, da es Fußballspiele abrupt beendete, wurde das Golden Goal 2002 durch das Silver Goal ersetzt, bei dem nach einem Treffer zumindest die Hälfte der Verlängerung fertiggespielt wurde. Doch schon 2004 wurde auch die Silver-Goal-Regel wieder abgeschafft.

Seither gilt für K.-o.-Spiele: Auf die reguläre Spielzeit folgen bei einem Unentschieden 2 x 15 Minuten Verlängerung. Steht dann immer noch kein Sieger fest, gibt es ein Elfmeterschießen.

PERSONEN UND PERSÖNLICHKEITEN: UWE SEELER 84

Er war einer der beliebtesten Fußballspieler Deutschlands: **UWE SEELER** (1936–2022). Er begann mit dem Fußballspielen 1946 in seiner Heimatstadt Hamburg beim Hamburger SV – und blieb bei diesem Verein bis zum Ende seiner aktiven Karriere im Jahr 1972. Und das obwohl er, seinerzeit einer der besten Mittelstürmer der Welt, auch bei anderen großen Vereinen hätte spielen können. Von seinen Fans erhielt Uwe Seeler den Spitznamen »Uns Uwe«.

Von 1954 bis 1970 war Uwe Seeler auch Teil der deutschen Nationalmannschaft. Beim deutschen WM-Sieg war er aber noch nicht dabei. Große Titel konnte in seiner Karriere nur wenige erringen, darunter nur eine einzige deutsche Meisterschaft. Dennoch wurde Uwe Seeler 1972 zum Ehrenspieler der deutschen Nationalmannschaft ernannt. Eine Auszeichnung, die bis heute insgesamt nur sechs Männer und zwei Frauen erhalten haben.

Was machte Uwe Seeler so beliebt? Die Treue zu seiner Heimatstadt, seinem Verein und seinen Fans. Seine Bodenständigkeit und Geradlinigkeit. Seine sportliche Fairness. Uwe Seeler war ein echtes Vorbild für alle Fußballspieler!

85 REKORDE: DIE MEISTEN LÄNDERSPIELTORE

TOP 5 DER REKORDSCHÜTZINNEN

1 **Christine Sinclair** (* 1983, Kanada, 190 Länderspieltore in 315 Spielen, im Durchschnitt 0,6 Tore pro Spiel)

2 **Abby Wambach** (* 1980, USA, 184 Länderspieltore in 255 Spielen, im Durchschnitt 0,72 Tore pro Spiel)

3 **Mia Hamm** (* 1972, USA, 158 Länderspieltore in 276 Spielen, im Durchschnitt 0,57 Tore pro Spiel)

4 **Carli Loyd** (* 1982, USA, 134 Länderspieltore in 316 Spielen, im Durchschnitt 0,43 Tore pro Spiel)

5 **Kristine Lilly** (* 1971, USA, 130 Länderspieltore in 354 Spielen, im Durchschnitt 0,37 Tore pro Spiel)

TOP 5 DER REKORDSCHÜTZEN

1 **Cristiano Ronaldo** (* 1985, Portugal, 117 Länderspieltore in 189 Spielen, im Durchschnitt 0,62 Tore pro Spiel)

2 **Ali Daei** (* 1969, Iran, 108 Länderspieltore in 148 Spielen, im Durchschnitt 0,73 Tore pro Spiel)

3 **Mokhtar Dahari** (1953–1991, Malaysia, 89 Länderspieltore in 142 Spielen, im Durchschnitt 0,63 Tore pro Spiel)

4 **Lionel Messi** (* 1987, Argentinien, 86 Länderspieltore in 162 Spielen, im Durchschnitt 0,53 Tore pro Spiel)

5 **Ferenc Puskás** (1927–2006, Ungarn, 84 Länderspieltore in 89 Spielen, im Durchschnitt 0,94 Tore pro Spiel)

DAMALS UND HEUTE: ERNÄHRUNG AM SPIELTAG 86

Von einem Fußballspieler namens Bulle Roth (* 1946) wird erzählt, dass er sich in den 1970er-Jahren vor einem wichtigen Pokalfinale noch eine Schweinshaxe genehmigte. Andere Spieler setzte man eher auf Nahrungsentzug und flößte ihnen Wasser oder Apfelsaftschorle ein.
Heute weiß man besser, mit welcher Ernährung sich sportliche Höchstleistungen erzielen lassen. Wichtig sind bei der Ernährung am Spieltag vor allem Eiweiß, Kohlenhydrate und Mineralstoffe.

Am Abend vor dem Spieltag:
Ein leckeres, aber leichtes Abendessen sorgt für die Power am nächsten Tag. Eiweiß spendet z. B. Meeresfisch oder mageres Fleisch, die Kohlenhydrate stammen aus Kartoffeln oder Nudeln. Auch Gemüse wird serviert.

Frühstück:
Achte auch beim Frühstück auf frische Zutaten und eine Mischung aus Eiweiß (z. B. Omelett) und Kohlenhydraten (z. B. Vollkornbrot mit Honig).

Mittagessen:
Wie beim Abendessen am Tag zuvor gibt es eine leichte Mahlzeit, die aus gedünstetem Fisch mit Kartoffeln und Gemüse bestehen könnte.
Wichtig: Die letzte größere Mahlzeit solltest du drei Stunden vor dem Spiel zu dir nehmen.

Vor dem Anpfiff:
Während des Aufwärmens und noch zehn Minuten vor dem Anpfiff darf noch stilles Wasser getrunken werden. Aber nur so viel, dass du nicht während des Spiels auf die Toilette musst!

In der Halbzeitpause:
Um deinen Vorrat an Kohlenhydraten im Körper wieder aufzustocken, kannst du einen Energieriegel zu dir nehmen. Trinke außerdem stilles Wasser, um deinen Durst zu stillen.

87 TAKTIKWISSEN: SPIELSYSTEME

Der Trainer oder die Trainerin einer Mannschaft entscheidet darüber, wie er seine/ihre Mannschaft aufstellt. Es gibt zahlreiche Spielsysteme wie 4-4-2, 4-2-3-1, 4-3-3, 4-3-2-1 usw. Aber was bedeutet das eigentlich?

Beim 4-4-2-System sind die zehn Feldspieler folgendermaßen aufgestellt: Vor dem Torhüter bzw. der Torhüterin befinden sich vier Abwehrspieler, im Mittelfeld werden ebenfalls vier Spieler aufgestellt und im Sturm werden zwei Spieler eingesetzt.

Häufiger kommt heute das 4-2-3-1-System zum Einsatz, bei dem die Abwehr ebenfalls aus einer Viererkette besteht. Dann folgen zwei defensive Mittelfeldspieler, die auch »Sechser« genannt werden, drei offensive Mittelfeldspieler sowie ein Stürmer bzw. eine Stürmerin in der Spitze.

Kannst du dir die Aufstellung des 4-3-2-1-Systems herleiten, die auch als »Tannenbaum« bezeichnet wird? Genau: Diese Aufstellung besteht aus vier Abwehrspieler, drei defensiven Mittelfeldspieler, zwei offensiven Mittelfeldspieler und einem Stürmer bzw. einer Stürmerin.

TITEL UND POKALE: REKORDMEISTER DER EUROPÄISCHEN LIGEN

88

Welcher Verein wurde im jeweiligen Land am häufigsten nationaler Fußballmeister? Die Tabelle gibt dir eine Übersicht über 15 europäische Ligen im Männer-Fußball:

NATION	NAME DER LIGA	REKORDMEISTER	TITEL
Dänemark	Superliga	Kjøbenhavns Boldklub	15
Deutschland	Bundesliga	FC Bayern München	31
England	Premier League	Manchester United	20
Griechenland	Alpha Ethniki	Olympiakos Piräus	46
Irland	League of Ireland	Shamrock Rovers	19
Italien	Serie A	Juventus Turin	36
Niederlande	Eredivisie	Ajax Amsterdam	35
Österreich	Bundesliga Österreich	SK Rapid Wien	32
Polen	Ekstraklasa	Legia Warschau	15
Portugal	Primeira Liga	Benfica Lissabon	37
Schweden	Fotbollsallsvenskan	Malmö FF	22
Schweiz	Credit Suisse Super League	Grasshopper Club Zürich	27
Spanien	Primera División	Real Madrid	34
Türkei	Süper Lig	Galatasaray Istanbul	22
Ungarn	Nemzeti Bajnokság	Ferencváros Budapest	32

89 REKORDE: DIE FIESESTEN SCHWALBEN

Wie heißt noch mal das bekannte Sprichwort? Eine Schwalbe macht noch keinen Elfmeter. Na ja, manchmal aber doch.

Eine besonders fiese Schwalbe leistete sich der brasilianische Fußballspieler Fred (* 1983) bei der Fußball-WM 2014, die in seinem Heimatland ausgetragen wurde. Im Eröffnungsspiel der WM ließ er sich in der 70. Minute nach einer Berührung durch einen kroatischen Gegenspieler im Strafraum fallen. Er reklamierte einen Elfmeter, den die brasilianische Mannschaft dann auch unberechtigterweise zugesprochen bekam. Neymar verwandelte diesen zum 2:1.

Als »Mutter aller Schwalben« wird eine Aktion des deutschen Fußballspielers Andreas Möller (* 1967) bezeichnet. 1995 spielte er für Borussia Dortmund gegen den Karlsruher SC und ließ sich ebenfalls im Strafraum fallen. Der Elfmeter, den er dadurch rausgeschunden hat, führte zum Sieg der Mannschaft. Andreas Möller musste für sein unfaires Verhalten später eine Strafe von heute rund 5000 Euro bezahlen, außerdem wurde er für zwei Spiele gesperrt.

Es geht aber auch umgekehrt: Bei der Fußball-WM 2002 wurde der Italiener Francesco Totti (* 1976) mit Gelb-Rot vom Platz geschickt, ein Tor wurde nicht gegeben. Der Schiedsrichter hatte eine Schwalbe erkannt, die keine war. Die Folge: Italien verlor das Spiel durch ein Golden Goal der südkoreanischen Gegner.

DIVERSES: BERÜHMTE MASKOTTCHEN 90

Jede Fußball-WM hat heute ihr eigenes Maskottchen, aber das war nicht immer so. Das erste WM-Maskottchen war ein Löwe namens Willie. Er eroberte bei der WM 1966 in England die Fußballherzen.
Seither gibt es wieder fantasievolle Maskottchen: Bei der WM 1970 in Mexiko war das Maskottchen ein Junge mit Sombrero. Sein Name: Juanito. Und bei der WM 1982 in Spanien diente eine Orange namens Naranjito als Maskottchen.

Meistens sind die Maskottchen aber Tiere: 1994 der Hund Striker, 1998 der Hahn Footix, 2010 der Leopard Zakumi, 2014 das Gürteltier Zoleco, …

Bei einer Fußball-WM der Frauen gab es das erste Maskottchen 2011 bei der WM in Deutschland: eine Katze namens Karla Kick. Es folgte 2015 bei der WM in Kanada die Schneeeule Shuéme und 2019 bei der WM in Frankreich das Haushuhn Ettie.

Bei der Fußball-WM 2022 war das Maskottchen eine Fantasiegestalt namens La'eeb – eine fliegende arabische Tracht. Du siehst: Bei den Fußballmaskottchen sind der Fantasie keine Grenzen gesetzt!

91 DIE WITZIGSTEN FUSSBALLWITZE

Nach dem Fußballspiel klettert ein Junge über den Zaun des Stadions. Das sieht der Stadionwärter und ruft: »He, nimm gefälligst den gleichen Weg, auf dem du reingekommen bist!« Ruft der Junge frech zurück: »Das tu ich doch!«

Im Fußballstadion sitzt ein kleines Mädchen auf einem Ehrenplatz. Das wundert einen älteren Herrn. Er fragt das Mädchen: »Woher hast du denn das Ticket?« Antwortet das Mädchen: »Von meinem Papa.« Will der ältere Herr wissen: »Aha, und wo ist der?« Darauf das Mädchen: »Daheim – das Ticket suchen.«

Alex und Pauline stehen am Fußballstadion an. Plötzlich fasst sich Alex an die Stirn und ruft aus: »Oje, ich wünschte, ich hätte unser Klavier mitgebracht.« Meint Pauline verwundert: »Wieso das denn?« Erklärt Alex: »Weil unsere Tickets darauf liegen.«

DIVERSES: DIE BLUTGRÄTSCHE 92

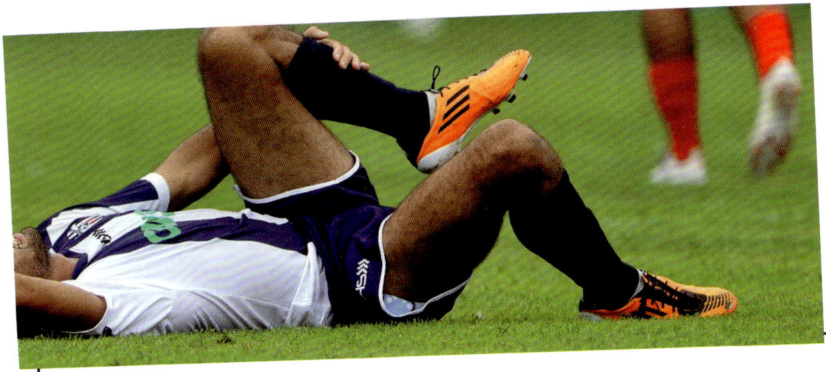

Möchte ein Spieler oder eine Spielerin dem Gegenspieler oder der Gegenspielerin den Ball abluchsen, kann er/sie es mit einer Grätsche versuchen. Dabei versucht er/sie, den Ball mit einem langgestreckten Bein zu erreichen und am besten noch an einen Mitspieler oder eine Mitspielerin abzugeben.

Aber Vorsicht: Spielt der Spieler oder die Spielerin nicht den Ball, sondern berührt den Gegenspieler oder die Gegenspielerin, wird ein Foul gepfiffen. Die gegnerische Mannschaft erhält dann einen Freistoß oder – wenn das Foul im Strafraum passiert – sogar einen Strafstoß.

Besonders fies ist die Blutgrätsche. Bei einer Blutgrätsche greift ein Spieler oder eine Spielerin einen Gegenspieler oder eine Gegenspielerin an, ohne dass er/sie den Ball spielen möchte. Er/sie nimmt in Kauf, dass der Gegenspieler oder die Gegenspielerin verletzt werden könnte. Zu Recht sieht er/sie für eine Blutgrätsche in der Regel die Rote Karte. Es gibt sogar ein Urteil, wonach für Verletzungen, die durch eine Blutgrätsche entstehen, Schadensersatz geleistet werden muss.

93 KATASTROPHEN: FUSSBALLKRIEG

Auf dem Fußballplatz wird gekämpft, geköpft und geschossen. Aber kann Fußball auch einen richtigen Krieg auslösen? Ja, leider.

Im Juli 1969 gab es den »Fußballkrieg« zwischen den mittelamerikanischen Ländern Honduras und El Salvador. Die gute Nachricht zuerst: Der Krieg dauerte nur 100 Stunden und wird deshalb auch »100-Stunden-Krieg« genannt. Die schlechte Nachricht: Es gab über 2000 Todesopfer.

Der Krieg hatte Ursachen, die mit der Einwanderung von Salvadorianern nach Honduras zu tun hatten. Auslöser für den Krieg waren aber zwei Qualifikationsspiele der beiden Länder für die Fußball-WM 1970 im Juni 1969. Nach beiden Spielen kam es zu Straßenunruhen und gewaltsamen Übergriffen. Dies führte dazu, dass die Truppen von El Salvador am 14. Juli 1969 in Honduras einmarschierten. Der »Fußballkrieg« begann. Die Organisation Amerikanischer Staaten konnte zum Glück dafür sorgen, dass der Krieg am 18. Juli des gleichen Jahres wieder beendet wurde.

El Salvador nahm an der Fußball-WM 1970 teil, konnte aber kein einziges Tor erzielen und verlor alle drei Gruppenspiele gegen Belgien, Mexiko und die Sowjetunion.

DIVERSES: VOM STADION IN DEN BOXRING

94

Profifußaller sind Gewinnertypen. Manche beweisen ihren Siegeswillen aber nicht nur beim Fußball, sondern auch in anderen Sportarten.

CURTIS WOODHOUSE (* 1980) spielte in der englischen Premier League, bevor er sich für eine Karriere als Profiboxer entschied.

Der italienische Fußballspieler **PAOLO MALDINI** (* 1969) nimmt nach seiner aktiven Karriere als Fußballer an Tennisturnieren teil.

PETR ČECH (* 1982), tschechischer Fußballtorhüter, stellte sich auch ins Eishockey-Tor.

Der kroatische Fußballspieler **IVAN PERIŠIĆ** (* 1989) hat sein Glück beim Beachvolleyball versucht.

Dem türkischen Fußballspieler **İLHAN MANSIZ** (* 1975) feierte nach seiner Karriere in der deutschen Bundesliga Erfolge im Eiskunstlauf.

GRANT HOLT (* 1981), ein englischer Fußballspieler, versuchte sich nach seiner aktiven Fußballerkarriere als Wrestler.

95 DAMALS UND HEUTE: DER FUSSBALL

Die ersten Fußbälle gab es vor über 2000 Jahren in China. Das waren aus Leder zusammengenähte Bälle, die z. B. mit Federn gefüllt waren. Bereits im ersten Jahrtausend wurden in China aber Bälle erfunden, die mit Luft gefüllt wurden.

Auch noch im 20. Jahrhundert wurde zunächst mit luftgefüllten Lederbällen gespielt. Die Fußbälle wurden aus Lederstreifen zusammengenäht, im Inneren befand sich eine Schweinsblase mit Ventil. 1970 gab es den ersten offiziellen WM-Ball: den von Adidas hergestellten »Telstar Durlast«. Er wurde aus zwölf fünf- und 20 sechseckigen Lederstücken zusammengenäht.

Erst bei der Fußball-WM 1986 in Mexiko wurde ein vollsynthetischer Ball eingesetzt, der »Azteca México«, ebenfalls von Adidas hergestellt. Seither werden bei einer Fußball-WM keine Lederbälle mehr eingesetzt.

Der Fußball, der für die Fußball-WM 2022 in Katar entwickelt wurde, heißt »Al-Rihla« oder auf Deutsch: »Die Reise«. Er wurde vom Hersteller Adidas als »schnellster und präzisester Fußball der WM-Geschichte« vorgestellt.

REKORDE: DIE ÄLTESTEN UND JÜNGSTEN BEI EINER WM

96

FRAUEN

Wer war die **jüngste WM-Teilnehmerin?** Die nigerianische Mittelfeldspielerin **Ifeanyi Chiejine** (* 1983). Bei ihrem ersten WM-Einsatz 1999 war sie gerade einmal 16 Jahre und 34 Tage alt.

Die **jüngste Weltmeisterin** kam allerdings aus Norwegen. 1995 wurde **Ingrid Sternhoff** (* 1977) im Alter von nur 18 Jahren und 111 Tagen Fußballweltmeisterin. Sie hatte allerdings keinen Einsatz.

Die **älteste WM-Teilnehmerin** war die Brasilianerin **Formiga** (* 1978). Bei ihrem WM-Einsatz 2019 war sie 41 Jahre und 98 Tage alt. Formiga bedeutet übrigens Ameise.

Den Rekord als **älteste Weltmeisterhin** hält **Christie Pearce** (* 1975). Beim Sieg im WM-Finale gegen Japan im Jahr 2015 war sie 40 Jahre und 11 Tage alt. Damals hieß sie übrigens noch Christie Rampone.

MÄNNER

Bei den Männern hält der Nordire **Norman Whiteside** (* 1965) den Rekord als **jüngster WM-Teilnehmer**. Als er am bei der WM 1982 erstmals eingesetzt wurde, war er gerade einmal 17 Jahre und 41 Tage alt.

Der **jüngste Weltmeister** war nicht viel älter. Die brasilianische Fußballlegende **Pelé** (* 1940) war beim ersten WM-Sieg 1958 erst 17 Jahre und 249 Tage alt.

Nicht ganz so alt wie eine Pyramide, aber für einen Fußballspieler doch recht alt war der Ägypter **Essam El-Hadary** (* 1973), als er 2018 bei der WM auflief. Sein damaliges Alter: 45 Jahre und 161 Tage.

Den Rekord als **ältester Weltmeister** hält schon seit der Fußball-WM 1982 der italienische Torhüter **Dino Zoff** (* 1942). Er war beim WM-Sieg 40 Jahre und 133 Tage alt.

97 PERSONEN UND PERSÖNLICHKEITEN: JÜRGEN KLOPP

Wenn man im Fußball von Legenden spricht, sind meistens Spieler gemeint. Aber es gibt auch Trainerlegenden, und zu diesen zählt »Kloppo«. Der deutsche Fußballtrainer **JÜRGEN KLOPP** wurde am 16. Juni 1967 in Stuttgart geboren. Aufgewachsen ist er im Schwarzwald. Dort begann er zunächst eine Karriere als Fußballspieler, die ihn bis in die Bundesliga führte.

Als Spieler war Jürgen Klopp gut, aber als Trainer ist er einfach ein Ass. Der studierte Sportwissenschaftler führte den Verein 1. FSC Mainz 05, den er von 2001 bis 2008 trainierte, aus der zweiten in die erste Bundesliga. Mit Borussia Dortmund – dort war er Trainer von 2008 bis 2005 – wurde er unter anderem zweimal Deutscher Meister. Besonders erfolgreich ist Jürgen Klopp beim englischen Klub FC Liverpool, bei dem er 2015 den Trainerposten übernahm. Mit diesem Verein gelang ihm 2019 ein Sieg in der Champions League, 2020 holte er sich die englische Meisterschaft. In diesen beiden Jahren, 2019 und 2020, wurde er aufgrund seiner Erfolge mit dem FC Liverpool zum Trainer des Jahres gewählt. Eine Legende ist Jürgen Klopp aber nicht nur wegen seiner Erfolge, sondern auch wegen seiner offenen, emotionalen Art und seiner coolen Sprüche. Zum Beispiel: »Wir treten nicht mit vollen Hosen an. Ich habe extra noch mal nachgeschaut.«

PERSONEN UND PERSÖNLICHKEITEN: BIRGIT PRINZ

98

Diese Fußballspielerin gibt es sogar als Barbie-Puppe: **BIRGIT PRINZ**. Aber eine doofe Barbie ist Birgit Prinz so ganz und gar nicht. Die bislang erfolgreichste deutsche Fußballspielerin wurde am wurde am 25. Oktober 1977 in Frankfurt am Main geboren. 1986 begann sie ihre Fußballkarriere beim wenig bekannten SV Dörnigheim. Später startete sie in der Bundesliga durch und ergatterte drei Champions-League-Titel sowie neun deutsche Meistertitel.

Besonders spannend ist die Karriere der Stürmerin in der Nationalmannschaft. Dort kann Birgit Prinz unter anderem zwei Weltmeistertitel und vier Europameistertitel verbuchen. Dreimal wurde sie zur Weltfußballerin gekürt.

Aber Birgit Prinz hat es nicht nur in den Füßen, sondern auch im Kopf. Sie hat Abitur, eine Ausbildung zur Physiotherapeutin und ein Diplom in Psychologie. Als Sportpsychologin stand sie den Frauen bei der Fußball-WM 2019 in Frankreich und bei der Fußball-EM 2022 in England mit Rat und Tat zur Seite. Eine Gewinnerin, die nun anderen beim Gewinnen hilft!

99 SKANDALE UND SKURRILES: DER WETTSKANDAL 2009

Normalerweise sorgt in einem Fußballspiel ein Schiedsrichter oder eine Schiedsrichterin dafür, dass alles fair verläuft. 2009 kam jedoch ein großer Wettskandal ans Licht, bei dem Fußballspiele in mehreren Ländern so manipuliert wurden, dass Kriminelle auf bestimmte Ergebnisse wetten und große Gewinne einstreichen konnten.

So waren in Deutschland mindestens 32 Spiele manipuliert worden, in Österreich elf und in der Schweiz über 20. Und noch in zahlreichen weiteren Ländern wurden Spiele manipuliert, sogar bei drei Champions-League-Spielen und 12 Europa-League-Spielen war dies der Fall. Insgesamt wurden mindestens 200 Spiele in neun europäischen Ländern manipuliert.

Wie ging das vor sich? Die Kriminellen bestachen Schiedsrichter, Trainer oder Spieler, um den Ausgang der Spiele in die gewünschte Richtung zu beeinflussen. Dann wetteten sie auf den Spielausgang – und kassierten Millionensummen. Doch nicht jeder konnte seinen unredlich erworbenen Reichtum genießen: Einige der Kriminellen wurden zu Haftstrafen verurteilt.

Schon in der Bundesliga-Saison 1970/71 (»Bundesliga-Skandal«) und im Jahr 2005 (»Fußball-Wettskandal 2005«) war es zu Spielmanipulationen gekommen, allerdings nicht in so großem Ausmaß.

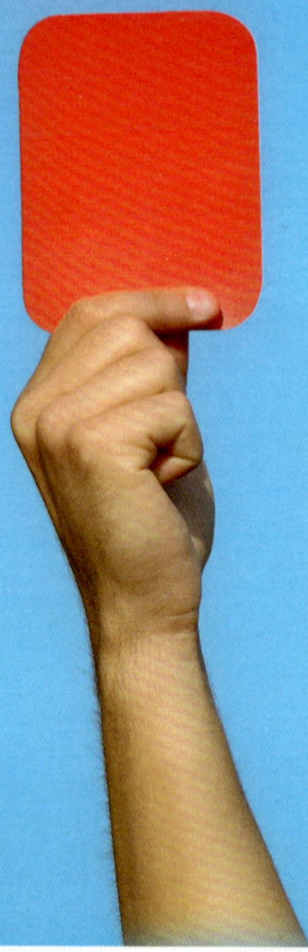

»In der Schlussphase war der Pfosten der einzige, auf den wir uns 100-prozentig verlassen konnten.«

Christoph Daum, * 1953, deutscher Fußballtrainer

»Es gibt nichts dazwischen, du bist entweder gut oder schlecht. Wir waren heute so mittel.«

Gary Lineker, * 1960, englischer Fußballspieler

»Ich habe fertig!«

Giovanni Trapattoni, * 1939, italienischer Fußballtrainer

REGISTER

9